Bergsport Winter

Kurt Winkler / Hans-Peter Brehm / Jürg Haltmeier

Bergsport Winter

2. Auflage
Technik, Taktik, Sicherheit
SAC-Verlag

Projektleiter SAC: Bruno Hasler

In Zusammenarbeit mit:

I. Haftungsausschluss

1. Inhalt

Bergsteigen ist gefährlich und kann zu Körperverletzungen oder Tod führen. Die Angaben in diesem Lehrbuch unterliegen einem starken Wandel der Zeit. Dieses Lehrbuch soll die Risiken im Alpinismus möglichst umfassend aufzeigen, kann jedoch nicht davor schützen. Es entbindet daher in keiner Weise von der Selbstverantwortung jedes Benützers, wozu unter anderem das Erlernen der notwendigen Techniken unter fachkundiger Aufsicht sowie die Einhaltung aller Angaben der Bergsportartikelhersteller gehören.

Die Autoren übernehmen keinerlei Gewähr für die Aktualität, Korrektheit, Vollständigkeit oder Qualität der bereitgestellten Informationen. Haftungsansprüche gegen die Autoren, welche sich auf Schäden materieller oder ideeller Art beziehen, die durch die Nutzung oder Nichtnutzung der im Lehrbuch enthaltenen Informationen bzw. durch die Nutzung fehlerhafter und unvollständiger Informationen verursacht wurden, sind grundsätzlich ausgeschlossen, sofern seitens der Autoren kein nachweislich vorsätzliches oder grob fahrlässiges Verschulden vorliegt.

Die Autoren behalten es sich ausdrücklich vor, Teile des Lehrbuches ohne gesonderte Ankündigung zu verändern, zu ergänzen oder zu löschen.

2. Verweise, Links

Sofern in diesem Lehrbuch auf fremde Werke oder Internetseiten («Links») verwiesen wird, übernehmen die Autoren keine Verantwortung für deren Inhalte.

II. Urheberrecht

Der ganze oder teilweise Abdruck und die elektronische oder mechanische Vervielfältigung gleich welcher Art sind nicht erlaubt. Abdruckgenehmigungen für Abbildungen und Text erteilt: SAC-Verlag, Postfach, 3000 Bern 23, verlag.edition@sac-cas.ch.

© 2008 SAC-Verlag
2., überarbeitete Auflage 2008
Rechte: Alle Rechte beim Schweizer Alpen-Club SAC
Kartenausschnitte reproduziert mit Bewilligung von
swisstopo (BA 071 631)
Illustrationen: villard.biz, Münchenbuchsee
Satz + Druck: Jordi AG – das Medienhaus, Belp
Einband: Schumacher AG, Schmitten (FR)
Printed in Switzerland
ISBN 978-3-85902-277-5

Inhaltsverzeichnis

Zum Geleit	7
Vorwort	9
Einführung	11
Grundwissen	13
Tiere im Bergwinter	14
Wetter	25
Orientierung	34
Gefahren im Gebirge	46
Fitness und Ernährung	54
Ausrüstung	59
Bekleidung	60
Tourenausrüstung	62
Notfallausrüstung	65
Technische Zusatzausrüstung	68
Lawinen	71
Lawinenarten	72
Auslösung eines Schneebretts	74
Lawinen bildende Faktoren	80
Beurteilung der Lawinengefahr	98
Risiko abschätzen und minimieren	106
Planen & Entscheiden	117
Tourenplanung	118
Entscheidungsfindung	130
Führen von Gruppen	138
Schneetouren	141
Aufstieg	142
Abfahrt	144
Skitouren	146
Snowboardtouren	150
Schneeschuhtouren	152
Freeriden	153
Zu Fuss in Schnee und Eis	154

Sicherung 161
  Knoten 162
  Anseilen 165
  Verankerungen in Firn und Eis 169
  Sicherung bei Abrutschgefahr 175
  Ablassen und Abseilen 178
  Gletscherbegehungen 180

Steileis- und Mixedklettern 185
  Material 186
  Technik 190
  Sicherung 195
  Verhältnisse 202
  Taktik 204
  Schwierigkeitsbewertung 207

Rettung 209
  Erste Hilfe 210
  Evakuieren 218
  Biwak 220
  Lawinenrettung 224
  Spaltenrettung 236
  Organisierte Rettung 245

Anhang 249
  Literatur 250
  Bildnachweis 252
  Checklisten 253
  Adressen und Linksammlung 255
  Stichworte 258
  Autoren 261

Zum Geleit

Bergsteigen lässt sich nicht durch das Lesen eines Buches erlernen. Wer diesen Sport verantwortungsvoll ausüben will, benötigt sowohl breite Basiskenntnisse – unter fachkundiger Anleitung angeeignet – als auch jahrelange Erfahrung. Doch wer erinnert sich schon an all das, was er einmal gelernt hat? Beispielsweise an die wichtigsten Einflüsse auf die Entscheidungsfindung? Oder daran, wie der Selbstaufstieg aus einer Gletscherspalte angegangen werden muss? Oder wie man einen Flaschenzug installiert? Antworten zu diesen und vielen weiteren Fragen finden sich im vorliegenden Lehrbuch.

Der Schweizer Alpen-Club SAC als nationaler Bergsportverband ist der wichtigste Alpinausbilder der Schweiz. Über 150 Ausbildungskurse stehen jährlich in seinem Angebot. Die Palette reicht dabei von Basis- und Aufbaukursen für alle Altersgruppen bis hin zu anspruchsvollen Tourenleiterkursen, und dies quer durch alle Disziplinen des Bergsports.

Mit der Publikation der Lehrbücher «Bergsport Winter» und «Bergsport Sommer» unterstreicht der SAC seine Leaderposition in der Alpinausbildung der Schweiz. Dabei ist es erstmals gelungen, die wichtigsten in der Alpinausbildung tätigen Verbände und Institutionen zu einem Projekt zusammenzuführen. Wir danken den entsprechenden Verantwortlichen bestens für ihr Engagement rund um diese Lehrbücher.

Der Autor Kurt Winkler und die Co-Autoren Hans-Peter Brehm und Jürg Haltmeier haben mit dem Aufarbeiten des aktuellen Wissensstandes ein Schweizer Standardwerk geschaffen. Dabei ist es ihnen gelungen, sich auf das Wichtigste zu beschränken. Ihnen sei für diese grosse Arbeit ganz herzlich gedankt.

Entscheidenden Anteil am Gelingen dieser Lehrbücher hat aber Bruno Hasler, Fachleiter Ausbildung SAC. Als Projektleiter hat er sich mit grossem Engagement und hoher fachlicher Kompetenz für dieses Werk eingesetzt. Dafür sprechen wir ihm unseren grossen Dank aus.

Die Lehrbücher «Bergsport Winter» und «Bergsport Sommer» sind sowohl Ausbildungsmittel als auch Nachschlagwerke. Sie richten sich an all jene, die sich im Bergsport aus- oder weiterbilden möchten. Die Lehrbücher werden als Kursunterlagen in den SAC-Ausbildungskursen und hoffentlich auch in vielen anderen Kursen eingesetzt.

Wir sind überzeugt, dass wir mit diesem Werk einen weiteren Beitrag zur Sicherheit in der Ausübung der verschiedenen Bergsportarten – und damit zum grösseren Genuss – leisten können.

Im August 2005

Zum Geleit 2. Auflage

Vor knapp zwei Jahren erschien «Bergsport Winter». Damit hat der SAC ein breit abgestütztes Lehrbuch für das Winterbergsteigen lanciert, das von allen wichtigen Bergsport-Organisationen der Schweiz mitgetragen wird. Dass dieses Buch bereits vergriffen ist, darf als grosser Erfolg bezeichnet werden. Offenbar ist es dem Autorenteam und den vielen Helfern gelungen, einen guten Konsens in der Alpinausbildung zu finden und festzuhalten. Darüber dürfen alle Beteiligten zu Recht stolz sein.

Das gleiche Team erstellte die Neuauflage genau so sorgfältig wie die 1. Auflage. Dabei wurde die Gelegenheit genutzt, aktuellste Entwicklungen einfliessen zu lassen, so beispielsweise bei der LVS-Suche und den Schneedecken-Tests. Neben den Ausgaben in Deutsch und Französisch erscheint «Bergsport Winter» neu auch in Italienisch. Damit fördert der SAC die landessprachlichen Minderheiten und erleichtert die Bildung einer gesamtschweizerischen Lehrmeinung.

Im Herbst 2007

Daniel Bieri, Präsident SAC Kommission Bergsport und Jugend
Hans Bräm, Präsident Verlagskommission SAC

Vorwort der Verfasser

Ziel dieses Buches ist nicht, alle möglichen, sondern die notwendigen Techniken zu vermitteln.
Damit müssen Anfänger weniger lernen und Gelegenheitsbergsteiger sich weniger einprägen. Es bleibt mehr Zeit, das wirklich Notwendige zu schulen. Als Ausbilder sind wir heute auf allen Stufen mit einer grossen Variantenvielfalt an Techniken konfrontiert. Kursteilnehmer, die jedes Mal eine andere Variante lernen, kombinieren diese oft zu wenig vorteilhaften Lösungen. Standardisierte Verfahren mit einem breiten Anwendungsbereich sind sicherer als ständiges Improvisieren. Es ist ein Ziel des Buches, durch die Definition einer gesamtschweizerischen Lehrmeinung die Sicherheit im Bergsteigen zu erhöhen.

Wann ist eine Variante genügend sicher, wann engt sie zu stark ein? Was ist gefährlich, was umständlich? Wir haben versucht, diesbezüglich ein Gleichgewicht zu finden. Die beschriebenen Techniken wurden sorgfältig evaluiert. Wir sind überzeugt davon, dass diese praktisch durchführbar und bis hin zu schwierigsten Touren geeignet sind.

Ein so umfassendes Buch mit einer Lehrmeinung lässt sich nicht alleine schreiben. Wir bedanken uns bei allen Mitwirkenden, namentlich:
- Bruno Hasler, Projektleiter des SAC, ohne dessen Engagement das Buch nie entstanden wäre.
- Florian Strauss, Paul Nigg, Daniel Bieri, Martin Gurtner und Stephan Harvey, Mitglieder des Kernteams, die uns mit Rat und Tat beistanden.
- Die unterstützenden Verbände: Jugend+Sport (J+S), Schweiz, Institut für Schnee und Lawinenforschung (SLF), Schweizerischer Bergführerverband (SBV), Verband Bergsportschulen Schweiz (v.b.s.), Naturfreunde Schweiz (NFS), Swiss Ski, Armee, Alpine Rettung Schweiz (ARS).
- Die Experten, die uns bei den Spezialkapiteln unterstützten: Stephan Harvey und Jürg Schweizer, SLF (Lawinen); Ueli Kämpf

und Ralf Weber, Eiscracks (Steileis- und Mixedklettern); Hans Jacomet, leitender Arzt Rega (1. Hilfe); Jürg Meyer, Umweltbeauftragter SAC (Tiere im Bergwinter); Ueli Mosimann, Unfallexperte SAC (Gefahren im Gebirge); Bernhard Streicher, Psychologe, Lehrstuhl für Sozialpsychologie Universität München (Entscheidungsfindung); Monica Zehnder und Marc Frauchiger, Ernährungswissenschafter (Ernährung) sowie Ralf Rickli, Meteotest.
- Den Firmen Mammut Sports Group AG und Black Diamond Equipment Ltd für die materielle Unterstützung.
- Dem SAC mit Verlagsleiter Hans Ott für die notwendigen Mittel zur Realisation dieses umfassenden und schönen Lehrbuches.

Im Sommer 2005

Vorwort zur 2. Auflage

Wie kommt eine moderne Lehrmeinung bei den Bergsteigern an, bei Menschen, die oft Wert auf Tradition, Erfahrung und Individualität legen? Wir haben mit einiger Zurückhaltung gerechnet und wurden von durchwegs positiven Reaktionen überrascht. Bemerkenswerterweise kamen diese quer durch alle Leistungsstufen, vom Einsteiger bis zum Profibergführer. Wir haben uns darüber gefreut.
Niemals hätten wir uns träumen lassen, «Bergsport Winter» bzw. «Sommer» an der Spitze der Verkaufsliste des SAC-Verlags sowie in der grössten Buchhandlung Zürichs an der Bestseller-Wand vorzufinden! Wir alle wurden vom Erfolg überrascht. Die Bücher werden bald ausverkauft sein, und wir konnten diese neu auflegen. Nach zwei Jahren Praxiserfahrung haben wir die wenigen Kinderkrankheiten behoben und neueste Erkenntnisse einfliessen lassen, z.B. bei der Auslösung einer Schneebrettlawine und der LVS-Suche. Damit bleibt «Bergsport Winter» was es ist: das aktuellste und vollständige Lehrmittel zum Winterbergsteigen in der Schweiz.

Im Herbst 2007 Kurt Winkler, Autor
Hans-Peter Brehm, Co-Autor
Jürg Haltmeier, Co-Autor

Einführung

Die Lehrbücher «Bergsport Winter» und «Bergsport Sommer» sind einzeln lesbar und sollen ein möglichst sicheres und effizientes Bergsteigen vermitteln. Zusammen ergeben sie eine umfassende Lehrschrift über alle Bereiche des Bergsteigens. Sie richten sich an Anfänger, Fortgeschrittene und Tourenleiter.

Klassierungen

[i] Hinweis auf zusätzliche Informationsquelle.

👍 Die kleinen Tipps und Tricks, die nicht unbedingt notwendig sind, aber gerade deshalb den Profi vom Amateur unterscheiden.

➪ Wichtige Zusatzinformation, unbedingt beachten.

💣 Gefahr! Bei Missachtung besteht akute Lebensgefahr.

Zusatzinformation für Fortgeschrittene und Tourenleiter.

Didaktischer Hinweis.

Im Gebirge setzen wir uns unweigerlich einem gewissen Risiko aus. Dieses Lehrbuch hilft, dieses auf ein vertretbares Mass zu reduzieren. Ein Lehrbuch alleine genügt jedoch nicht, denn Bergsteigen erfordert neben Wissen und Technik auch Übung und Erfahrung. Eine fundierte Ausbildung unter fachkundiger Aufsicht ist unerlässlich.
Wir haben versucht, nur Varianten zu beschreiben, die fehlertolerant, universell einsetzbar, möglichst einfach anzuwenden und sicher sind. Dabei haben wir die Variantenvielfalt bewusst reduziert, damit sich Anfänger, Gelegenheitsbergsteiger und Ausbilder auf das Notwendige beschränken können.

Nicht alle anderen Varianten sind falsch oder gefährlich – wir mussten uns oft zwischen gleichwertigen Möglichkeiten entscheiden. Es gehört zur Freiheit und Eigenverantwortung jedes Bergsteigers, auch andere Techniken anzuwenden, wenn er von deren Richtigkeit überzeugt ist.

Mit «Bergsport Winter» und «Bergsport Sommer» wird erstmals die Bildung einer gesamtschweizerischen Lehrmeinung angestrebt. Herausgeber ist der Schweizer Alpen-Club SAC, mit seinen über 100'000 Mitgliedern der führende Bergsportverein der Schweiz. Die Bücher werden von allen namhaften Bergsportverbänden und – Institutionen unterstützt:
- Jugend und Sport (J+S)
- Schweizerisches Institut für Schnee- und Lawinenforschung (SLF)
- Schweizerischer Bergführerverband (SBV)
- Verband Bergsportschulen Schweiz (v.b.s.)
- Naturfreunde Schweiz (NFS)
- Swiss Ski
- Schweizer Armee
- Alpine Rettung Schweiz (ARS)

Grundwissen

Tiere im Bergwinter	14
Wetter	25
Orientierung	34
Gefahren im Gebirge	46
Fitness und Ernährung	54

Tiere im Bergwinter

Experte: Jürg Meyer, Umweltbeauftragter SAC

Wir sind Gäste in der Bergnatur und verhalten uns entsprechend achtsam und rücksichtsvoll!

Bergwinter

Fasziniert vom Bergwinter, ziehen wir mit Skis, Snowboard oder Schneeschuhen hinaus – in eine strenge Natur.

Glitzernde weisse Pracht, strahlendes Licht, stiebender Pulverschnee – die Faszination und Schönheit der winterlichen Berge ist vielfältig. Doch der Bergwinter hat auch seine harten Seiten wie Sturm, Kälte, kurze Tage. Als Bergsteiger schützen wir uns mit einer angepassten Ausrüstung und sind zudem nur einige Stunden pro Tag draussen.

Für die Alpentiere ist das Winterhalbjahr ein Härtetest, der tödlich enden kann. Die Durchschnittstemperatur beträgt im Winter auf 2500 m Höhe rund -10°C. Frische pflanzliche Nahrung ist nur spärlich vorhanden, Witterung und Lawinen stellen bedrohliche Gefahren dar. Im Extremfall sind ganze Populationen in der Existenz gefährdet. Bei den meisten Säugetieren fällt zudem die Fortpflanzungszeit in den Winter. Dadurch haben die im Frühjahr geborenen Jungtiere eine Chance, sich im kurzen Bergsommer zu entwickeln und sich die notwendigen Reserven anzufressen, um den nächsten Winter zu überleben.

Überleben im «Kühlschrank»

Alpentiere verwenden verschiedene Strategien, um den Bergwinter zu überdauern:
- Wegzug in südliche Breiten (z.B. Zugvögel wie Steinrötel, Alpensegler; Schmetterlinge wie Admiral, Distelfalter).
- Winterschlaf in einer Höhle (z.B. Murmeltier, Siebenschläfer).
- Winterstarre (z.B. Amphibien und Reptilien).

Am schwierigsten ist es für Tiere, die ausharren und mehr oder weniger ungeschützt ihre Stellung halten. Sie verwenden dazu folgende Strategien:

Anpassungsstrategie	Beispiele
Energie sparen durch Reduktion der Bewegung auf ein Minimum	Praktisch alle Tiere
Wechsel in ein wärmeres Winterfell	Gämse, Steinbock, Schneehase
Wechsel zu weisser Tarnfarbe	Alpenschneehuhn, Schneehase
«Schneeschuhe» wachsen lassen	Raufusshühner (Federn), Schneehase
Schutz des Gebirgswaldes aufsuchen	Gämse, Hirsch, Schneehase
Ruhen in gut isolierender Schneehöhle	Schnee- und Birkhuhn (v.a. nordseitig, da weicherer Schnee), Schneehase
Frass von Zweigen und Baumrinden	Hirsch, Gämse (→ Verbissschäden an Jungwald)
Magen auf kargere Nahrung umstellen	Gämse (Flechten, Moose, Rinden)
Nahrungsmitteldepots anlegen	Tannenhäher (mehrere Tausend verschiedene Depots, ca. 80% werden wieder gefunden!)

Wer wohnt in der alpinen Eiskälte?

Auf unseren Wintertouren begegnen wir nur wenigen Alpentieren, oft aber ihren Spuren. Nebst Trittsiegeln (einzelne Fussabdrücke), Fährten, Spuren oder Flügelabdrücken sind dies auch Losung (Kot), Frass- und Scheuerspuren, Haare, Federn, Bauten und Rufe. Spuren verraten viel über das Leben, das um uns herum stattfindet, ohne dass die Tiere sichtbar sind. Sie können helfen, Störungen zu vermeiden.

Als Bergsteiger müssen wir vor allem etwas über diejenigen Tiere wissen, die wir auf unserer Tour am ehesten stören. Unter den Vögeln sind dies die drei Raufusshühner Auer-, Birk- und Schneehuhn, so genannt wegen ihrer befiederten Füsse, die im Winter als «Schneeschuhe» dienen.

① Schneehuhn ② Birkhuhn
③ Auerhuhn ④ Schneehase
⑤ Steinbock ⑥ Gämse

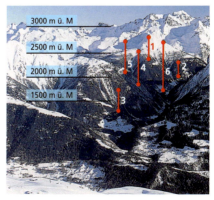

① Schneehuhn (Lagopus mutus)

A Federkleidwechsel: im Sommer Brauntöne, im Winter weiss. Grösse ca. 35 cm; «knarrender» Ruf.

B Oberhalb der Waldgrenze, gerne in gut strukturiertem Gelände; im Winter oft auf Futtersuche an freigeblasenen Grasrücken.

C Triebe, Knospen, Samen und Beeren von Zwergsträuchern und Alpenkräutern

D April–Mai

E Juni–August; 5–9 Junge

F 12–15'000 Paare, nicht gefährdet

② Birkhuhn (Tetrao tetrix)

A Hahn glänzend blauschwarz, ca. 40 cm gross, Henne braun gebändert und etwas kleiner; leicht gegabelter Schwanz.

B Bereich der oberen Waldgrenze. Angewiesen auf reiche Zwergstrauchvegetation. Im Winter vor allem in Nordlagen.

C Blätter, Knospen und Früchte von Heidel- und Moosbeeren sowie Alpenrosen

D April–Mai

E Mai–Juli; 6–10 Junge

F 7'500–10'000 Paare; potenziell gefährdet

Legende
A Merkmale / B Lebensraum / C Nahrung / D Balz- bzw. Brunftzeit
E Setz- bzw. Brutzeit, Anzahl Jungtiere / F Bestand Schweiz, Gefährdung

③ Auerhuhn (Tetrao urogallus)

④ Schneehase (Lepus timidus)

A Eindrücklicher 60–85 cm grosser Vogel. Hahn grauschwarz mit dunkelgrüner Brust, Henne kleiner mit brauner Tarnfärbung.

B Waldtier, bevorzugt lichte, strukturreiche Wälder des Jura und der Alpennordseite.

C Nadeln, Triebe, Knospen, Beeren

D März–Mai

E Mai–Juli; 7–11 Junge

F 450–500 Paare; stark gefährdet

A Kleiner als der Feldhase, kürzere Ohren (Kälteschutz). Drei Fellwechsel pro Jahr, im Winter reinweiss.

B Oberhalb Waldgrenze, im Winter auch im lichten Wald. Gräbt Schneelöcher für Schutz und Nahrungssuche. Nachtaktiv.

C Kräuter, Gräser und Knospen, im Winter auch Baumrinde und Wurzeln

D erstmals März–April

E erstmals Mai/Juni; 2–4 Junge; max. 3 Würfe

F ca. 14'000 Tiere, nicht gefährdet

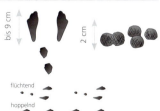

⑤ Steinbock (Capra ibex)

- **A** Massig-gedrungen, 70–95 cm Schulterhöhe, Geissen etwas kleiner und zierlicher. Raues, fahl- bis ockerbraunes Fell. Böcke gerillte, bis 1 m lange Hörner, Geissen glatte und kürzere.
- **B** 1600–3200 m, gerne in felsigen Hängen. Im Winter tiefer an sonnenexponierten Hängen, teilweise bis unter die Waldgrenze.
- **C** Gras, im Winter auch Polsterpflanzen und Holzgewächse
- **D** Dezember–Januar
- **E** Juni; 1, selten 2 Junge
- **F** ca. 14'000 Tiere, nicht gefährdet

⑥ Gämse (Rupicapra rupicapra)

- **A** Mittelgross, mit kontrastreicher Kopfzeichnung und hakenförmigen Hörnern. Wechsel zwischen hellerem Sommer- und dunklerem, wärmerem Winterkleid.
- **B** Steilhänge mit Felspartien und lockeren Waldbeständen. Im Winter bis in die Talböden, aber auch hoch oben an Sonnenhängen.
- **C** Gräser, Kräuter, Blätter, im Winter Triebe von Bäumen und Sträuchern, Flechten, Moose (Magenumstellung)
- **D** November–Dezember
- **E** Mai–Juni; 1, ausnahmsw. 2
- **F** ca. 90'000 Tiere, nicht gefährdet

Was bedeutet die Störung von Tieren?

Wir Bergsportler stören die Tiere im Winter? Warum auch nicht – macht das diese nicht stärker und fitter?

Gewisse Tiere können sich an bestimmte Störungen gewöhnen. Wer kennt nicht die Hütten, wo sich Steinböcke auch bei Betrieb auf der Hüttenterrasse abends hinwagen, oder die Dohlen, die uns auf dem Gipfel aus der Hand fressen. Gewöhnung ist vor allem dort möglich, wo die Störungen gleichartig, konstant und häufig sind, so dass die Tiere lernen, ihre Reaktion anzupassen. Viele Tierarten bleiben jedoch scheu.

Sensitivierung statt Gewöhnung

Oft kommt das Gegenteil der Gewöhnung vor, die **Sensitivierung** (empfindlicher werden). Die Tiere werden bei jeder Störung mehr gestresst, bis sie flüchten oder den Standort ganz aufgeben. Auf mehrfache, überraschende Störung von oben (z. B. durch Gleitschirmflieger oder Skifahrer) reagieren insbesondere die Gämsen sehr empfindlich. Werden die Gämsen ein zweites oder drittes Mal innert kurzer Zeit aufgescheucht, reagieren sie noch heftiger und flüchten in Panik noch weiter weg. Im Winter im tiefen Schnee ist dies eine äusserst kräftezehrende Aktion. Die Tiere können so in einen Dauerstress geraten und im schlimmsten Fall an Erschöpfung sterben.

Warum wir die Gewöhnung von Tieren sehr wohl kennen, aber kaum die Sensitivierung? Meistens bemerken wir die heftige Reaktion der Tiere gar nicht, weil sie sich erschreckt ducken und erst danach flüchten, oder weil sie schon geflüchtet sind, bevor wir sie überhaupt gesehen haben.

Wie reagieren Tiere auf Störungen?
- Es kommt zu physiologischen Reaktionen, z.B. mit Pulserhöhung, oft verbunden mit Hormonausschüttungen.
- Tiere verbrauchen durch ständige Flucht übermässig viel Energie, die ihnen dann für das Überstehen des Winters fehlt. Wird z.B. das Birkhuhn im Winter durch Bergsteiger gestört, verlässt es fluchtartig die schützende und wärmende Schneehöhle, die eine Durchschnittstemperatur von -2 bis +3 °C aufweist. Dadurch verliert das Birkhuhn einerseits durch die Flucht und andererseits durch den Wärmeverlust überlebenswichtige Energie.
- Sie geben gute und geschützte Einstands-, Futter- oder Nistplätze und selbst die Paarung auf.

Für die Tiere sind wir potenzielle Feinde – entsprechend heftig ist ihre Reaktion, es ist die der Feindvermeidung. Woher sollen sie wissen, dass eine johlend heranstürmende Gruppe von Bergsteigern ihnen nicht an den Kragen will?

Wovon Störungen abhängig sind

Entscheidend sind die Gesamtmenge der Störungen sowie die Art der Reaktionen, die wir auslösen. Folgende Störungen führen besonders häufig zu negativen Reaktionen der Tiere:
- Ungewohnte Aktivität (z.B. Freeriden, Schneeschuhwandern, Zustieg zum Eisfall).
- Unübliche Route (z.B. querfeldein statt auf dem Weg).
- Überraschungseffekt, z.B. hohe Geschwindigkeit oder Auftauchen um Geländekante.
- Annäherung von oben (z.B. durch Skifahrer, Snowboarder oder Gleitschirmflieger).
- Lärmende Gruppe.
- Wintersportler mit Hund.

Auch die Situation, in der sich die Tiere befinden, hat einen grossen Einfluss. Besonders empfindlich sind sie:
- In der Brunft- bzw. Balzzeit und der Setz- bzw. Brutzeit.
- In Anwesenheit von Jungtieren.
- In der Dämmerung.
- Wenn ein geeignetes Rückzugsgelände fehlt.

Bitte nicht stören!

Manchmal stören wir, das ist unvermeidlich. Aber viele Störungen können wir leicht vermeiden.

Als Gäste der Natur verhalten wir uns gleich wie als Gäste in den Häusern anderer Menschen: Wir nehmen Rücksicht, halten gewisse Regeln ein und respektieren die notwendigen Grenzen. Wir verhalten uns achtsam, also aufmerksam und zugleich rücksichtsvoll. Wir müssen unsere Umgebung wahrnehmen und uns in deren Bewohner hineinversetzen – und unser Handeln danach ausrichten. Je mehr wir über unsere Umgebung wissen und die Zusammenhänge kennen, desto achtsamer können wir uns darin bewegen.

Raufusshühner

Auf die Raufusshühner müssen wir besonders Rücksicht nehmen, sie brauchen im Winter ihre Ruhe. Das Auerhuhn ist vom Aussterben bedroht, das Birkhuhn ist gefährdet, und beim Alpenschneehuhn gilt es zu verhindern, dass es so weit kommt. Besonders störungsanfällig sind sie während der Balzzeit im Frühjahr.

Auerhuhn — Zur Vermeidung von Störungen verzichten wir auf Aufstiege und Abfahrten quer durch den Wald abseits von Wegen oder üblichen Routen. Informationen über spezielle Auerhuhn-Gebiete sind unbedingt zu berücksichtigen.

Birkhuhn — Im Winter liegt das Birkhuhn tagsüber in einer isolierenden Schneehöhle, in die es nach einer Störung oft bis am Abend nicht mehr zurückkehrt. Um Störungen zu minimieren, sollten wir seinen Lebensraum im Waldgrenzbereich möglichst direkt und auf den üblichen Routen ruhig und diszipliniert queren, sowie Gebüsche und Baumgruppen umgehen.

Schneehuhn — Da dieses tagsüber gerne auf aperen Flächen und um Zwergstrauchgruppen Nahrung sucht, sollten wir nicht an diese Zonen heranfahren.

Schalenwild

Bei den Gämsen und Steinböcken geht es vor allem darum, eine weitere Schwächung zu vermeiden. Bei zu vielen Störungen weichen Gämsen gerne in den Bergwald hinunter aus, wo sie Verbissschäden an Jungbäumen anrichten.

Wintertouren – Knigge

- Wir verhalten uns möglichst ruhig.
- Sobald wir eine neue Geländekammer betreten, halten wir nach Tieren Ausschau.
- Wir weichen Tieren und ihren Einstandsplätzen nach Möglichkeiten aus. Wir beobachten sie aus gebührender Distanz und lassen ihnen genügend Zeit, um langsam weg zu gehen.
- Wir wählen unsere Route möglichst nicht entlang der Waldgrenze.
- Wir verhalten uns in der Dämmerungszeit besonders rücksichtsvoll, da die meisten Tiere fressen.
- Wir respektieren Wildruhe- und Schutzgebiete (vgl. unten).
- Biwakplätze wählen wir sorgfältig und abseits von Tierspuren.
- Wir schonen die Grenzbereiche Schneedecke – Gras.
- Unseren Hund nehmen wir nur auf problemlose Touren mit oder lassen ihn zu Hause.

«Trichter-Regel»

Die «Trichter-Regel» ist einfach, für alle verständlich und leicht zu kommunizieren. Von den offenen Hängen oberhalb von Baum- und Strauchgrenze, wo wir uns ziemlich frei bewegen können, schränken wir die Abfahrtsbreite laufend ein, um im Wald nur noch Waldwege oder ausgewiesene Routen zu benützen.

⇨ Tourenleiter, nimm deine Verantwortung nicht nur für die Sicherheit der Gruppe wahr, sondern auch in Bezug auf ein naturverträgliches Verhalten. Bilde dich weiter, lerne mehr über Natur und Umwelt, und gib dein Wissen den Teilnehmern weiter. Berücksichtige den Naturschutz schon bei Planung und Anreise deiner Touren.

Schutzgebiete

In Schutzgebieten hat die Natur Vorrang – wir sind nicht immer und überall willkommene Gäste.

Neben freiwilligen und selbstverantwortlichen Massnahmen zum Schutz von Fauna und Flora sorgen Gesetze und Verordnungen dafür, die in der Verfassung festgelegten Schutzziele zu erreichen. Das wichtigste Instrument sind Schutz- und Schongebiete. Ein Beispiel sind die eidgenössischen Jagdbanngebiete, zu denen die Verordnung festhält: «Das Skifahren ausserhalb von markierten Pisten, Routen und Loipen ist verboten». Der SAC kam mit dem BUWAL überein, dass auch in Führern und Skitourenkarten beschriebene Touren als «markierte Routen» angesehen werden – eine grosszügige Auslegung des Gesetzestextes, für die wir den Behörden dankbar sind! Andere Schutzgebiete, vor allem solche von Gemeinden, verfügen oft ein absolutes winterliches Betretungsverbot.

Um keine unliebsamen Überraschungen zu erleben, holen wir bei der Planung von Wintertouren Schutzgebiets-Informationen ein:
- Skitourenkarten 1:50 000 (swisstopo/SAC/Swissski ab Ausgabejahr 2005)
- SAC Ski- und Schneeschuhtourenführer (ab Ausgabejahr 2006)
- Eidgenössische Schutzgebiete, insbesondere Eidgenössische Jagdbanngebiete, Flach- und Hochmoore sowie Moorlandschaften: siehe http://ecogis.admin.ch
- Ruhezonen im Kanton Graubünden: siehe auch www.wildruhe.gr.ch
- Weitere konkrete Tipps und Informationen: www.sac-cas.ch, natur@sac-cas.ch und www.natursportinfo.ch
- In Tourismus-Regionen sind Schutzgebiets-Informationen auch erhältlich im Tourist-Center, bei den touristischen Transportanlagen oder in Bergführerbüros.
- Detaillierte Auskunft erteilt auch der zuständige Wildhüter. Kontaktadressen bei Gemeindeverwaltung erhältlich.

Das Buch zum Thema

Jacques Gilliéron, Claude Morerod

Tiere der Alpen
Die Wirbeltiere

Ersmals werden in einem Buch fast alle in den Alpen vorkommenden Wirbeltiere vorgestellt. Es handelt sich dabei um 300 Arten, die in die systematischen Gruppen Säugetiere, Vögel, Reptilien, Amphibien und Fische eingeteilt sind. Die wisssenschaftlich fundierten Texte sind allgemein verständlich geschrieben und fassen das Wichtigste über eine Art zusammen. Ergänzend werden die Informationen mit 215 in der Natur aufgenommenen Farbfotografien illustriert. Dieses Buch ist ein unentbehrlicher Führer für alle, die sich in den Bergen bewegen und ihr Wissen über die Fauna der Alpen vertiefen wollen.

368 Seiten, gebunden
ISBN 3-85902-238-5
Jetzt im Buch- und Fachhandel!

Wetter

Woher kommt das Wetter?

Die Alpen im Westwindgürtel

Das Temperatur- und Druckgefälle zwischen Tropen und Pol treibt den Westwind an. Quer zum Wind liegende Gebirge (Rocky Mountains, Grönland) zwingen den Westwind auf eine Slalomspur. Diese erhält zusätzlichen Schwung durch die thermischen Gegensätze zwischen kanadischer Arktis und Nordatlantik sowie zwischen Sibirien und dem Nordpazifik. Bedingt durch den Slalom der Westwindzone, trifft die Luft bevorzugt aus Südwest bis Nordwest auf die Alpen. Reine Nord- und Südlagen sind selten.

Hoch- und Tiefdruckgebiete

Der Luftdruck ist ein Mass dafür, wie viel Luft sich über uns befindet. Änderungen des Luftdrucks bedeuten, dass Luft in unser Gebiet zufliesst oder dieses verlässt. Im Hochdruckgebiet sinkt die Luft ab. Sie erwärmt sich dabei, kann mehr Wasserdampf aufnehmen und trocknet die Wolken somit ab.

Die Luft fliesst vom Hoch- ins Tiefdruckgebiet. Auf ihrem Weg wird sie durch die Erdrotation abgelenkt, so dass sie eine gekrümmte Bahn beschreibt. Auf der nördlichen Hemisphäre gilt:

- Die Luft verlässt das Hoch im Uhrzeigersinn.
- Die Luft erreicht das Tief im Gegenuhrzeigersinn.
- In Tälern folgt die Luft der Talachse. Die Windrichtung kann dabei bis zu 180 Grad von jener im Gipfelniveau abweichen.

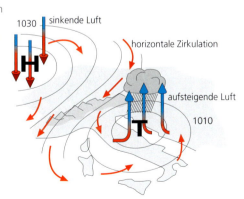

Steigt die Luft auf (z.B. in Fronten, Quellwolken, Tiefdruckgebieten oder wegen der Topographie) kühlt sie sich ab und kann nicht mehr so viel Wasserdampf aufnehmen. Das überschüssige Wasser kondensiert zu Wassertropfen oder gefriert zu Eiskristallen, es entstehen Wolken. Werden die Wassertropfen oder die Eiskristalle so gross, dass sie von den Turbulenzen nicht mehr in der Schwebe gehalten werden, setzt Niederschlag ein.

Fronten

«Fronten» sind Übergänge von Luftmassen unterschiedlicher Temperatur. Sie bringen Wolken und Niederschlag.

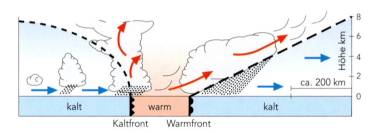

Kaltfronten bringen häufig einen schnellen Wetterwechsel. An ihrer Vorderseite sind selbst im Winter Gewitter möglich. Sie werden vom Wetterbericht meistens mit hoher Genauigkeit angekündigt.

Warmfronten kündigen sich mit Zirren, dann immer dichterer und tieferer Bewölkung an. Der Wetterwechsel erfolgt langsamer.

Wetterelemente

Temperatur

Die Temperatur im Gipfelbereich wird vom Wetterbericht sehr genau vorhergesagt.
- Die Schneefallgrenze liegt 200 bis 500 m unter der Nullgradgrenze, je intensiver der Niederschlag, desto weiter darunter.
- Bei klarem Himmel kühlt die nächtliche Abstrahlung die Schneeoberfläche aus. Nasser Schnee gefriert dabei bis ca. 1300 m unter die Nullgradgrenze tragfähig.

Wind

Wind führt nicht nur zu Schneeverfrachtungen, sondern zusammen mit tiefen Temperaturen auch leicht zu Erfrierungen. Der Windchill gibt an, wie kalt sich eine Kombination aus Wind und Temperatur auf trockener, ungeschützter Haut anfühlt.

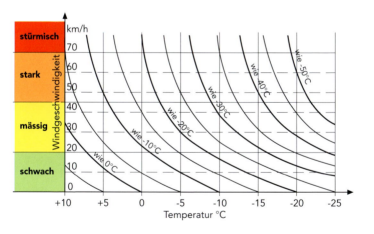

Nasse Haut kühlt schneller aus, von winddichten Kleidern geschützte langsamer.

Bei schönem Wetter verursachen die Sonneneinstrahlung und die nächtliche Abstrahlung folgende Winde:

Talwind   Tagsüber erwärmt die Sonne die Luft über dunklen Südhängen besonders stark, so dass sie dort aufsteigt. Aus dem Tal fliesst Luft nach.

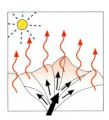

Bergwind   In der Nacht kühlt die Luft in Bodennähe stärker ab als in der freien Atmosphäre, einige Meter über dem Gelände. Die an den Berghängen abgekühlte Luft sinkt ihrer höheren Dichte wegen dem Gelände nach ins Tal ab. Sie verdrängt dort die wärmere Luft, die sich einige Meter über dem Talboden weniger abgekühlt hat.

Luftdruck

Wichtiger als der absolute Luftdruck ist seine Veränderung. Am Höhenmesser abgelesene Änderungen von mindestens 20 m zeigen eine Tendenz, ab ca. 50 m weisen sie eindeutig auf einen Wetterwechsel hin.

Änderung des Luftdrucks		*Wahrscheinliche Wetterentwicklung*
Druck fällt	• langsam und stetig	länger andauernde Wetterverschlechterung
	• kurz und schnell	Wetterverschlechterung von kurzer Dauer, z.B. Gewitter
Druck steigt	• langsam und stetig	grundlegende Wetterverbesserung
	• kurz und schnell	Auf einen raschen Druckanstieg (verursacht durch einfliessende Kaltluft) folgen häufig Druckfall und Wetterwechsel, oft im Rhythmus von 12 bis 24 Stunden.

⇨ Zeigt der Höhenmesser höher, obwohl wir unseren Standort nicht verändert haben, so ist der Luftdruck gefallen (siehe S. 36).

Bewölkung

Nebst der Angabe, welcher Anteil des Himmels von Wolken bedeckt ist, interessiert uns Bergsteiger auch die Höhe der Wolkenbasis. Wir entnehmen sie dem Flugwetterbericht.

Für (praktisch) vollständig wolkenverhangenen Himmel verwenden die Meteorologen zwei Wörter: «stark bewölkt», wenn Niederschläge fallen; «bedeckt», wenn es trocken bleibt.

Niederschlag

Die Niederschlagsmenge ist weniger genau vorhersagbar als die anderen Wetterelemente und auch lokal oft stark unterschiedlich.
- Niederschlagsmenge im Gelände abschätzen: 1 mm Regen entspricht etwa 1 cm Schnee.
- «Ergiebige Niederschläge» bedeuten pro Tag mindestens 30 mm auf der Alpennordseite bzw. 70 mm auf der Alpensüdseite.

Wetterbericht

Bezugsmöglichkeiten verschiedener Wetterberichte siehe S. 256.

Gebietseinteilung

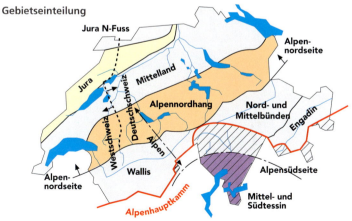

Die «Alpennordseite» des Wetterberichts entspricht etwa dem «Alpennordhang» im Lawinenbulletin, also ohne Wallis, Nord- und Mittelbünden.

Wie zuverlässig ist der Wetterbericht?

Am genausten ist die Prognose des Bodendrucks, am schlechtesten jene der Niederschlagsmenge. Die Trefferquote der kurzfristigen Prognose übertrifft jene der mittelfristigen Vorhersage deutlich, weshalb wir möglichst kurzfristig und mit dem aktuellsten Wetterbericht entscheiden sollten. Zeitungswetterberichte sind oft veraltet, meistens sehr pauschal und nicht aufs Gebirge abgestimmt. Nur selten geben uns die Meteorologen die erwartete Trefferwahrscheinlichkeit an. Trotzdem lässt sie sich abschätzen:

- Wetterbericht verfolgen. Hat er in den letzten Tagen gut gestimmt und schon Tage im Voraus jeweils richtig gelegen, so ist die Chance gross, dass er auch jetzt wieder stimmt. Wurde die Prognose dauernd korrigiert, ist die Trefferwahrscheinlichkeit geringer.
- Erwartete Genauigkeit und andere, mögliche Szenarien bei der persönlichen Wetterberatung erfragen (Tel. siehe S. 256).

 In den Bergen der Ostschweiz und Graubündens erreicht uns eine Wetterverschlechterung oft etwas später als angekündigt, sie bleibt aber meistens auch etwas länger liegen.

Typische Wetterlagen

Hochdruckwetter

Liegen wir im Einflussbereich eines Hochdruckgebiets, haben wir schönes Wetter. Im Winter liegt aber oft Nebel oder Hochnebel über den Niederungen.

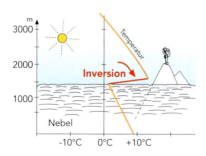

Bei einer Inversion liegt warme über kalter Luft. Sie bildet die Nebelgrenze.

Föhn

Föhn entsteht, wenn Luft quer zu den Alpen herangeführt und an diesen gestaut wird. Ist die zugeführte Luft feucht, kühlt sie sich beim Aufstieg an den Alpen mit 0,5 °C pro 100 Höhenmeter ab. Weil kalte Luft weniger Wasserdampf aufnehmen kann als warme, fällt Niederschlag. Auf der Rückseite des Gebirges sinkt die Luft wieder ab. Als trockene Luft erwärmt sie sich um 1 °C pro 100 Höhenmeter und die Wolken lösen sich auf. In den Alpen unterscheiden wir 2 Föhnlagen:
- NW-Staulagen bringen dem Alpennordhang oft bedeutende Niederschläge. Auf der Alpensüdseite und im Engadin herrscht mit Nordföhn schönes, aber windiges Wetter.
- Bei Südstaulagen fallen intensive Niederschläge im Tessin, während es besonders im Norden und Osten der Schweiz mit Südföhn schön und warm ist.

⇨ Föhn bedeutet auf den hohen Bergen und am Alpenhauptkamm stürmisches Schlechtwetter. Erst im Tal wird Föhn warm.

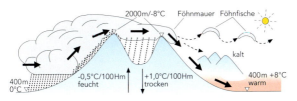

Westwindwetter

Bei dieser häufigen Wetterlage folgen sich oft Warm- und Kaltfronten in kurzen Abständen und sorgen für wechselhaftes Wetter mit Niederschlag und Temperaturwechseln. Besonders im Mont Blanc-Gebiet, den Waadtländer und Freiburger Alpen können grössere Niederschlagsmengen fallen. In den übrigen Gebirgsregionen sind die Niederschlagsmengen meistens kleiner als bei Staulagen.

Bise

Bise entsteht, wenn der Druck über Deutschland höher ist als im Genferseegebiet. Die von Norden einfliessende Kaltluft schiebt sich infolge ihrer höheren Dichte (kalte Luft ist «schwerer» als warme) dem Boden entlang und verdrängt die warme Luft nach oben. Wie bei winterlichem Hochdruckwetter führen auch ausgeprägte Bisenlagen zu einer Höheninversion und damit einer Hochnebelgrenze auf etwa 1500 bis 2000 m.
Im Sommer herrscht bei Bise meistens schönes Wetter.

Wetterzeichen

Eine Wetteränderung kündigt sich meistens an. Um nicht überrascht zu werden, achten wir unterwegs auf folgende Anzeichen:

Cumulonimbus (Gewitterwolke):
zieht häufig nach Nordosten.

Zirren und dahinter liegende Wolkenwand: eine Kaltfront ist im Anzug – höchste Zeit zur Umkehr.

Zirrostratus-Bewölkung: eine Warmfront ist im Anzug. Allmählich trübt es immer mehr ein.

Halo um Sonne oder Mond: feuchte Höhenluft. Langsame Wetterverschlechterung.

Purpurfarbenes Abendrot: schlechtes Wetter zieht nach Osten ab, klare Nacht
Purpurfarbenes Morgenrot: Wetterverschlechterung aus Westen.

Kondensstreifen von Flugzeugen lösen sich rasch auf: trockene Höhenluft, stabiles Wetter.

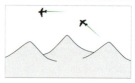

Kondensstreifen bleiben lange am Himmel: feuchte Höhenluft, langsame Wetterverschlechterung möglich.

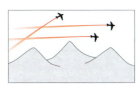

Besser werdende Fernsicht: trockenere Luft, Wetterstabilisierung
Schlechter werdende Fernsicht: feuchtere Luft, mögliche Wetterverschlechterung.

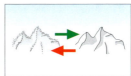

(Hoch) Nebel über den Niederungen: stabiles Hochdruckwetter, sofern
- Obergrenze nicht ansteigt;
- der Nebel sich nicht zu ungewohnter Tageszeit auflöst.

Starkes Auffrischen des Windes in der Höhe, z.B. rascher Wolkenaufzug aus SW: Wetterverschlechterung.

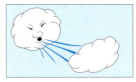

Anzeige des auf gleicher Höhe belassenen Höhenmessers steigt: Druck fällt → Wetterverschlechterung
Anzeige des auf gleicher Höhe belassenen Höhenmessers sinkt: Druck steigt →
- langsamer, steter Anstieg: Wetterverbesserung.
- einem raschen Druckanstieg folgen oft Druckfall und Wetterwechsel.

⇨ Keine Regel ohne Ausnahme, auch nicht beim Wetter!

Orientierung

Auch wenn wir keinen besonderen Orientierungssinn besitzen, können wir unsere Orientierungsfähigkeit doch weit entwickeln.
- Zuerst müssen wir uns das Gelände und unsere Route vorstellen können. Dazu beobachten wir das Gelände, verwenden die Landeskarte oder benutzen unsere Erinnerung.
- Unterwegs müssen wir Distanzen, Richtungen, Neigungen, Höhendifferenzen usw. abschätzen können.
- Mit offenen Sinnen vernehmen wir immer wieder nützliche Informationen, z.B. woher der Wind weht, wo ein Bach rauscht, wo der Schnee von der Sonne eine Harschkruste hat usw.

Bei Nebel im verschneiten Gelände können wir uns ohne technische Hilfsmittel kaum orientieren. Verlassen wir die markierten Pisten, sollten wir stets Karte, Kompass, Höhenmesser und evtl. ein GPS mitführen und beherrschen.

Karte

Für die ganze Schweiz existieren hervorragende Landeskarten, die von der Landestopografie alle 6 Jahre nachgeführt werden.
- Mit den Skitourenkarten im Massstab 1:50'000 gewinnen wir einen Überblick über die Tourenregion mit den üblichen Routen, den Steilheiten und den Wildschutzzonen.
- Für die Tourenplanung und zur Orientierung im Gelände bevorzugen wir Landeskarten im Massstab 1:25'000.
- Die digitalen SwissMap25 erleichtern die Verbindung zum GPS.

 Karten bei der Tourenplanung immer mit Norden nach oben vor sich halten, sonst erschwert die ungewohnte Schattierung das Erkennen der Topografie. Unterwegs die Karte so halten, dass sie mit dem Gelände übereinstimmt.

Karte lesen

Karte lesen ist die wichtigste Fähigkeit zur Orientierung im Gebirge. Es gilt, sich anhand der Landeskarte ein zutreffendes Bild des Geländes zu machen. Zum Erwerben dieser Fertigkeit vergleichen wir bei guter Sicht die Karte mit dem Gelände.

[i] Informationen zum Karten Lesen siehe *Gurtner, 1998*.

Grundwissen

Koordinaten

Mit zwei 6-stelligen Koordinatenzahlen können wir jeden Ort in der Schweiz genau bestimmen. Das Koordinatennetz ist auf allen Schweizer Landeskarten aufgedruckt.

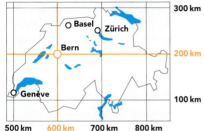

Bern (600 000 / 200 000)

Koordinatenmesser

- Punkt auf der Karte mit kleinem Kreis markieren.
- Ecke des Koordinatenmessers auf markierten Punkt legen und den Messer parallel zu den Koordinatenlinien drehen (Schriften auf Karte und Koordinatenmesser schauen in die gleiche Richtung).
- Koordinaten ablesen: zuerst grössere, dann kleinere Zahl.

Gelmerhütte, 2412 m,
669 235 / 164 825
(Gemeinde Guttannen)

⇨ Eine genaue Ortsangabe (z. B. für Rettungen) umfasst nebst den Koordinaten auch die Höhe, den Flurnamen und die Gebietsbezeichnung.

 Durch Schätzen überprüfen, ob die gemessenen Koordinaten stimmen können.

Karten im Ausland

Die oftmals geringere Kartenqualität hat Konsequenzen:
- Bei schlechter Sicht ist in uns unbekanntem Gelände noch mehr Vorsicht geboten.
- Fehlt das Koordinatennetz, so ist bei der Tourenplanung der Einsatz des GPS wesentlich erschwert. Der Kompass kann notfalls auch am Schriftzug ausgerichtet werden.
- Die Hangneigungsmessung für die Tourenplanung und die Reduktionsmethode ist weniger genau (siehe S. 94).
- Das Papier ist meistens wenig widerstandsfähig.

 Transparente, wasserdichte Kartenhülle verwenden.

Höhenmesser

Höhenmesser

Mit zunehmender Höhe nimmt der Luftdruck ab. Der Höhenmesser bestimmt aus einer Druckmessung unsere aktuelle Höhe. Die Höhenmesser sind geeicht für die Standard-Atmosphäre (auf Meereshöhe 1013 hPa[1] und 15 °C; Temperaturabnahme von 0,65 °C/100 Höhenmeter). Die realen Bedingungen weichen davon ab:
- Der Luftdruck ändert auch mit der Wetterlage. Von einem Hochdruckgebiet mit 1030 hPa (bezogen auf Meereshöhe) zu einem Tief mit 980 hPa nimmt der Druck gleich viel ab, wie wenn wir 400 m aufsteigen.
- Die Temperaturabnahme mit der Höhe variiert zwischen 0,5 und 1 °C/100 Höhenmeter.
- Kältere Luft hat eine höhere Dichte als warme. Im Winter und in Polnähe zeigt der Höhenmesser daher einen grösseren Höhenunterschied als wir tatsächlich zurückgelegt haben, im Sommer und in Äquatornähe einen kleineren. Der Fehler beträgt ca. 3,6‰ pro °C Abweichung von der Standardtemperatur.

Zur Kompensation dieser Störeinflüsse kalibrieren wir den Höhenmesser regelmässig an Punkten mit bekannter Höhe (z.B. in der Hütte, bei einer Strassenkehre, auf dem Gipfel usw.).

⇨ Digitale Höhenmesser messen nicht kontinuierlich, sondern nur in bestimmten Zeitintervallen, die Anzeige hinkt der wirklichen Höhe also leicht hinterher. Auf der Abfahrt müssen wir deshalb einige Sekunden warten, bis die korrekte Höhe angezeigt wird.

---

[1] 1 hPa (Hektopascal) = 1 mbar (Millibar) = 100 N/m²

Die Temperaturkompensation in guten Höhenmessern bedeutet nur, dass unabhängig von der Gerätetemperatur immer derselbe Wert angezeigt wird. Die grösseren Dichteunterschiede der kalten Luft werden nicht kompensiert.

Die Skalenteilung ist feiner als die Richtigkeit der Messung. Sie ist kein Qualitätsmerkmal des Höhenmessers.

Elektronische Höhenmesser zeigen an, wie viele Höhenmeter wir pro Minute aufsteigen. 5 m/Minute entspricht 300 m/Stunde und ist für eine Gruppe oft ein vernünftiges Tempo.

Höhenmesser als Barometer

Belassen wir den Höhenmesser am selben Ort (z.B. über Nacht in der Hütte), so dient er als Barometer. Bei steigender Höhenangabe fällt der Luftdruck. Wir müssen mit einer Wetterverschlechterung rechnen (siehe Abschnitt «Wetter»).

Kompass

Mit dem Kompass können wir auch bei schlechter Sicht eine Richtung einhalten. Die Kompassnadel zeigt zum magnetischen Nordpol der Erde. Dieser stimmt nur ungefähr mit dem geografischen Nordpol überein; es ergeben sich folgende Abweichungen:

Deklination
Die Abweichung zwischen magnetischer und geografischer Nordrichtung lässt sich am Kompass einstellen. Sie ändert mit dem Ort und der Zeit, ist in der Schweiz momentan aber vernachlässigbar klein. In anderen Gegenden (z.B. Nordamerika) müssen wir sie unbedingt berücksichtigen. Die Deklination ist normalerweise auf den Landeskarten angegeben.

Auch Hochspannungsleitungen, eiserne Gegenstände und elektronische Geräte lenken die Kompassnadel ab. Minimaler Abstand zu LVS und Handy ca. 20 cm.

Inklination
Die vertikale Ablenkung der Magnetnadel (in die Erde hinein) wird ausgeglichen durch eine asymmetrische Lagerung der Magnetnadel. Unsere Kompasse sind im Allgemeinen nur auf der nördlichen Hemisphäre brauchbar.

Nur wenn wir den Kompass horizontal halten, zeigt die Nadel nach Norden. Beim «Turbo-Kompass» verbessert ein Ringmagnet den Schrägausgleich.

Azimut

Das Azimut, den Winkel zwischen (geografisch) Nord und unserer Marschrichtung, bestimmen wir wie folgt:
1. Hintere Kompassecke (bei Schnur-Seite) auf den Startpunkt legen (A) und den Kompass drehen, bis das Ziel (B) auf der Kompasskante liegt.
2. Kompass festhalten und die Dose drehen, bis N der Dose mit N auf der Karte übereinstimmt.
3. Bei der Markierung den Winkel ablesen.

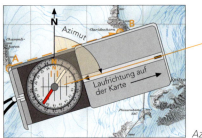

Azimut von A nach B

 Ein gemessenes Azimut gilt nicht für jeden anderen Kompass, denn es existieren verschiedene Kreisteilungen:

360	° Grad	übliche Winkelteilung
400	g Gon	in der Vermessung üblich
6400	‰ Artilleriepromille	Winkelteilung der Armeekompasse

 Die Kompassnadel benötigen wir nur im Gelände. Bei der Arbeit auf der Karte benutzen wir sie nicht.

⇨ Das Azimut auf der Karte schätzen und mit dem gemessenen Wert vergleichen. Damit schützen wir uns vor 180°-Fehlern.

Gehen nach dem Kompass

- An der Dose des Kompasses das Azimut einstellen (entweder die zuvor bestimmte Zahl oder direkt auf der Karte die ersten 2 Schritte zur Messung des Azimuts ausführen).
- Schnur gegen sich halten (evtl. über Kopf nehmen) und sich mit dem Kompass drehen, bis die rote Nadel (N) zwischen den beiden Nordmarken liegt.
- Das Visier des Kompasses zeigt die Marschrichtung.

Möglichkeiten zum Einhalten der Marschrichtung:
- Wenn noch etwas Sicht besteht: in Marschrichtung gelegenen Fixpunk anpeilen und zu diesem gehen.
- Beide Skistöcke in die eine Hand nehmen. In der anderen Hand den Kompass seitlich des Körpers auf Hüfthöhe halten und so gehen, dass Ski- und Kompasskanten parallel verlaufen.
- Der Navigierende geht ca. 30 m hinter dem Spurenden und weist ihn von hinten in die Richtung ein.

Tourenvorbereitung mit Kompass

Wir wählen kurze Teilstrecken und klar erkennbare Objekte als Wegpunkte. Ideal sind Punkte mit Auffanglinien, z.B. der Fuss eines Felssporns. Damit wir den Wegpunkt nicht verpassen, zielen wir nicht direkt darauf, sondern leicht zur Auffanglinie hin. Bei genügender Hangneigung können wir notfalls auch eine Höhenlinie als Referenzpunkt wählen. Allerdings leidet dabei die Genauigkeit der Navigation.

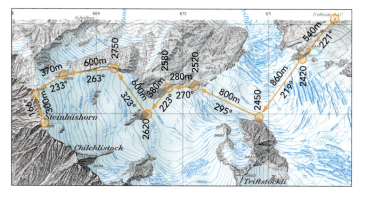

Damit wir den Wegpunkt (B) sicher nicht verpassen, zielen wir leicht links zur Auffanglinie hin.

 Den Kompass rechtzeitig zu Hilfe nehmen, solange wir unseren Standort noch kennen.

GPS

Das GPS (Global Positioning System) basiert auf 28, die Erde umkreisenden Satelliten. Die von den Satelliten gesendeten Signale durchdringen Wolken, nicht aber feste Gegenstände wie Berge, Gebäude, Menschen oder Wälder.
Unser GPS-Gerät empfängt diese Signale und berechnet daraus unseren Standort, und zwar umso genauer, je mehr Satelliten wir empfangen können.
- Mindestens vier Satelliten sind nötig.
- Die Lage wird im Allgemeinen auf ca. 10 m genau bestimmt, also so genau, wie wir Karte lesen können. Der Höhenfehler ist meistens etwa doppelt so gross.
- Das Gerät zeigt die geschätzte Messgenauigkeit in Meter an.

⇨ Nur mit exaktem Arbeiten können wir die Genauigkeit von Karte und GPS nutzen.

[i] Für die Flugsicherung wurde das GPS-System durch Satelliten erweitert, die Korrekturdaten aussenden. Neue GPS-Geräte können diese Korrekturdaten «WAAS, EGNOS» auswerten und erreichen dabei Genauigkeiten von typischerweise 2 m (bei gutem Empfang).

Gerätetypen

In die Uhr integrierte GPS-Geräte dienen vor allem der Standortbestimmung. Danach benutzen wir wieder Kompass und Höhenmesser.
Zur Navigation eignen sich GPS-Handgeräte mit integriertem Kompass. Ein eingebauter barometrischer Höhenmesser erlaubt eine Standortbestimmung bereits mit drei Satelliten.
Auf neuere GPS-Geräte lassen sich Kartendaten laden. Diese erreichen aber noch nicht die Qualität unserer gewohnten Landeskarten.

Funktionen des GPS

Aktueller Standort

Das GPS bestimmt fortlaufend unsere Standortkoordinaten.
- Diese Koordinaten lassen sich als «Wegpunkte» abspeichern.
- Mit dem Koordinatenmesser kann der Standort auf die Landeskarte übertragen werden (siehe S. 35).

Zielpunkt

Wir markieren den Zielpunkt auf der Karte, messen seine Koordinaten und geben sie im GPS ein. Das GPS bestimmt laufend unseren aktuellen Standort und zeigt uns Richtung und Distanz zum angepeilten Zielpunkt an.

Im Unterschied zum Kompass gelangen wir auch zum Ziel, wenn wir nicht ganz genau dem Pfeil folgen. So können wir Hindernisse problemlos umgehen.

Für eine zuverlässige Richtungsanzeige muss das GPS mit einem Kompass ausgerüstet sein.

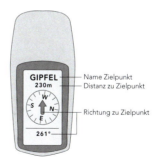
Name Zielpunkt
Distanz zu Zielpunkt
Richtung zu Zielpunkt

Routen

Aus mehreren Punkten können wir eine Route zusammenstellen. Folgen wir dieser, so führt uns das GPS der Reihe nach von einem Punkt zum nächsten. Schalten wir es erst unterwegs ein, so führt es uns zum nächstfolgenden Punkt. Anwendungen:

- Rückweg finden: Auf dem Hinweg an Richtungswechseln, Schneebrücken über Gletscherspalten usw. Wegpunkte aufnehmen, diese auf dem Gipfel zu einer Route zusammenfügen und in umgekehrter Richtung folgen.
- GPS-Route bei der Tourenvorbereitung eingeben. Bei schlechter Sicht schalten wir das GPS ein und folgen der Route (siehe Abschnitt «Tourenvorbereitung mit GPS»).

 Routen dürfen nicht zum Startpunkt zurückführen. Bei Überschreitungen besser zwei Routen erstellen: eine bis auf den Gipfel, eine zweite von dort ins Tal.

Zurückfinden («Track Back»)

Ist das GPS eingeschaltet, speichert es laufend Punkte ab. Wir können uns diese Punkte auf der «Kartenseite» anzeigen lassen und ihnen in umgekehrter Richtung, also zurück zum Ausgangspunkt, folgen.

⇨ Das «Track Back» benötigt viel Batterie (GPS immer eingeschaltet und an der Kälte) und ist problematisch bei Stellen mit schlechtem Empfang (Koordinatenfehler).

Koordinaten

Das Koordinatennetz muss im GPS eingestellt werden.

Swiss Grid, CH 1903	Koordinatensystem der Schweizer Landeskarten.
UTM, WGS-84	Weltweit gültiges Koordinatennetz, auf vielen (neueren) ausländischen Karten aufgedruckt.
	[i] siehe *Schirmer, 2004*.
Kein Koordinatennetz	Auf älteren ausländischen Karten fehlt oft das Koordinatennetz, was den Einsatz des GPS wesentlich erschwert.
	[i] siehe *Scheichenzuber, 2004*.

Standorthöhe

Unabhängig von Luftdruck und Temperatur bestimmt das GPS die Höhe fast so genau wie die Lage. Nur bei ungenügenden Satellitensignalen verwendet das GPS den eingebauten barometrischen Höhenmesser. Diesen müssen wir vorgängig kalibrieren:
- An einem Punkt mit bekannter Höhe (z.B. in der Hütte), wie einen normalen Höhenmesser.
- Mit der vom GPS berechneten Höhe: an einem beliebigen Punkt unterwegs, an dem wir genügend Satelliten empfangen (Genauigkeit ca. 10 m).
- «Autokalibrierung»: In diesem Modus kalibriert das GPS-Gerät den Höhenmesser anhand der GPS-Daten, sobald genügend Satelliten empfangen werden. Vorsicht: Kalibrierung erfolgt nur, wenn sich berechnete und barometrische Höhe um weniger als 100 m unterscheiden (Garmin).

Tourenvorbereitung mit GPS

Zuerst müssen wir Routenverlauf und Schlüsselstellen kennen, Varianten ausarbeiten, die Schlüsselstellen suchen und den Risikocheck machen (siehe Abschnitt «Tourenplanung»). Dann zeichnen wir die erforderlichen Wegpunkte auf der Landeskarte ein, nummerieren sie und verbinden sie mit einem Bleistiftstrich.
- Wegpunkte bei Richtungsänderungen setzen.
- Dort, wo wir die Route exakt einhalten müssen, wählen wir die Punkte näher beieinander als dort, wo die grobe Richtung genügt.
- Wegpunkte an Orten mit gutem Empfang setzen (eher in offenem Gelände, bei älteren GPS-Geräten nicht im Wald).
- Auch mit GPS können wir uns oft am Gelände orientieren (Grat, Felswand usw.).

Ohne PC beträgt der Zeitaufwand ca. 3 Minuten pro Punkt ➞ Nur so viele Punkte setzen, wie nötig.

GPS-Punkte können wir beliebig setzen, auch ohne Auffanglinie. Damit können wir uns besser von gefährlichen Hängen fern halten.

Zusammenstellen der Route
- Koordinaten der einzelnen Punkte messen und auf einem Blatt notieren.
- Koordinaten in GPS eingeben.
- Punkte zu Route zusammen fügen.
- Plausibilitätskontrolle: Vom GPS die Distanz zwischen den einzelnen Punkten der Route anzeigen lassen und auf der Karte nachmessen.

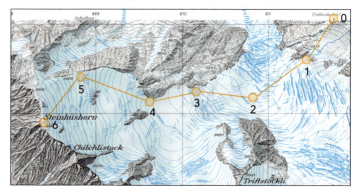

Bei schlechter Sicht peilen wir mit dem GPS «blind» den nächsten Punkt an – auch dann, wenn wir ihn falsch eingegeben haben. Fehler in der Routenplanung, beim Messen oder Eintippen der Koordinaten können daher fatale Folgen haben.

Schnittstelle zu PC

Der PC erleichtert das Eingeben von Zielpunkten und Routen. Dazu benötigen wir ein Verbindungskabel und entsprechende Software:
- Es gibt Software, mit der wir auch gescannte Karten verwenden können (www.fugawi.de).
- Mit SwissMap 25 bzw. 50, den digitalen Landeskarten 1:25'000 bzw. 1:50'000 der Schweiz, übertragen wir einzelne Punkte direkt aufs GPS (www.landestopographie.ch).

Der PC ermöglicht, unsere eigene Datenbank zu erstellen und Routen mit unseren Freunden zu tauschen. Die GPS-Routen zu vielen Touren können wir auch kaufen oder vom Internet herunterladen (z.B. www.gps-tracks.ch).

Mit einer SwissMap erstellte oder heruntergeladene Tracks auf der Landeskarte einzeichnen. So behalten wir den Überblick.

> Bevor wir einer Route folgen, betrachten wir sie auf der Landeskarte und überlegen uns, ob wir bei den aktuellen Verhältnissen wirklich diesem Weg folgen wollen.

Einsatzbereitschaft des GPS

Haben wir das GPS weit vom jetzigen Standort entfernt oder lange Zeit nicht mehr verwendet, so dauert es eine Weile, bis der Standort bestimmt ist.

GPS am Ausgangspunkt der Tour aufstarten, warten bis der Standort ermittelt ist und anschliessend wieder ausschalten. Jetzt können wir auf der Tour unsere Position in wenigen Sekunden bestimmen.

Nach dem Erreichen einer genügenden Genauigkeit noch ein paar Sekunden warten, bevor wir den Wegpunkt abspeichern. Sonst können Fehler auftreten.

Grenzen des GPS

Kompass und Höhenmesser gehören auf jede Skitour, denn das GPS hat Grenzen:
- In engen Tälern, steilen (N-)Flanken und im Wald werden zu wenig Satelliten empfangen.
- Bei grosser Kälte friert das Display ein.
- Ein Satz Batterien hält etwa 4 Stunden → GPS nur kurz einschalten, Reservebatterien mitführen.
- Das U.S. Department of Defense kann die Genauigkeit auf ca. 100 m reduzieren.
- Obwohl das GPS-System sehr stabil läuft, besteht die Gefahr eines technischen Defekts.

Bei grosser Kälte GPS in körpernaher Tasche warm halten und zur Bestimmung der Koordinaten nur kurz heraus nehmen; spart Batterien und schützt das Display vor dem Einfrieren.

> Das GPS erkennt keine Gefahren wie Felsstufen, Wechten, Gletscherspalten oder frische Triebschneeansammlungen, und auch wir sehen diese im Nebel nicht. Kartenkenntnisse und Bergerfahrung sind für Touren bei schlechter Sicht nach wie vor zentral.

Gefahren im Gebirge

Experte: Ueli Mosimann, Unfallexperte SAC

Risiko

Wer Bergsport betreibt, setzt sich unweigerlich einem gewissen Risiko aus. Absolute Sicherheit bietet nur ein totaler Verzicht.

Wir müssen die verschiedenen Gefahren erkennen um zu wählen, welche Risiken wir eingehen wollen. Wer unwissentlich oder absichtlich ständig Hänge im «roten Bereich» befährt (siehe S. 107, Kapitel «Lawinen»), verhält sich wie ein Autofahrer, der in der Kurve überholt. Es kann lange gut gehen, aber das Risiko ist hoch.

Ein geschicktes Risikomanagement schützt uns vor überhöhten Risiken, gewährt uns gleichzeitig aber auch möglichst viel «Aktionsfreiheit».

Wie gefährlich ist Bergsteigen?

Schätzungen zeigen, dass ein Alpinist pro Jahr etwa das gleiche Risiko in den Bergen eingeht wie im Strassenverkehr, sich die einzelnen Bergsportarten aber erheblich unterscheiden.

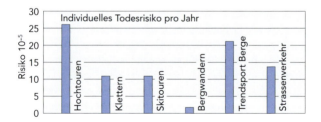

Das Risiko, an einem einzelnen Bergtag zu verunfallen, entspricht der Anzahl Unfälle, geteilt durch die gesamte Anzahl Tourentage, die in den Bergen verbracht werden. Weil wir nicht wissen, wie viele Leute wie oft in den Bergen unterwegs sind, können wir das tägliche Risiko nicht berechnen.

Persönliches Risiko

Berücksichtigen wir auch die Schwere eines Unfalls (Schadensgrösse), so gilt:

Risiko = Eintretenswahrscheinlichkeit x Schadensgrösse

Das Risiko, selber zu verunfallen (Eintretenswahrscheinlichkeit W) steigt

- mit der Dauer, während der wir uns einer Gefahr aussetzen
  (Anzahl Touren pro Jahr, Picknick unter dem Hängegletscher);
- wenn wir uns mehreren Gefahren gleichzeitig aussetzen[1];
- beim Ausüben besonders gefährlicher Bergsportarten.

Besonders wichtig ist unser persönliches Verhalten. Wenn wir den Bergsport mit Vorsicht und Zurückhaltung ausüben, halten wir das verbleibende Restrisiko relativ klein. Wir können das Risiko durch riskantes Verhalten oder Unwissenheit aber auch beliebig steigern.

- Wenn alles gut gegangen ist, bedeutet das nicht zwingend, dass auch alles sicher war. Vielleicht hatten wir einfach Glück.
- Wir unterschätzen im Allgemeinen unser persönliches Risiko.
  Wir schätzen es jedenfalls tiefer ein, als wenn sich jemand Anderer der gleichen Gefahr aussetzt.
- Experten überschätzen oft die Wirksamkeit ihrer technischen Fähigkeiten auf das Abwenden einer Gefahr.

> Gefahr nicht mit Schwierigkeit verwechseln! Schwierigkeiten können wir meistern, den Gefahren setzen wir uns aus.

---

[1] Für unabhängige Ereignisse gilt: $W = 1-(1-W_1) \cdot (1-W_2) \cdot \ldots \cdot (1-W_n)$. Dabei bezeichnen 1, 2, ..., n die einzelnen Teilrisiken, also z.B. 1=Lawine, 2=Absturz, ..., n=Herzinfarkt.

Sicherheitskonzepte

Methoden zum Aufspüren der Risiken

a) Wo sind hohe Risiken?
Risikomanagement heisst, alle (erkennbaren) Risiken minimieren. Besonders wichtig sind die hohen Risiken, d.h. Fälle, bei denen in obenstehender Gleichung ein Faktor gross ist:
- Hohe Schadensgrösse (Tod, Invalidität).
- Hohe Eintretenswahrscheinlichkeit (Sturz beim Skifahren).
- Oft wiederholt (Profibergführer mit jährlich 200 Tourentagen, Anseilen in Kletterhalle).

b) GAU (Grösster Anzunehmender Unfall)
Was ist das Schlimmste, was geschehen kann? Beispiele:
- Sturz bei Nebel in eine Gletscherspalte und der Gestürzte hat das Seil im Rucksack.
- Die ganze Gruppe wird von einer Lawine verschüttet und keiner kann mehr helfen.

Solche Ereignisse müssen wir mit sehr, sehr hoher Wahrscheinlichkeit ausschliessen.

c) Chronologisch
Von der Tourenplanung bis zur Heimfahrt checken wir der Reihe nach, was schief gehen könnte und was wir dagegen unternehmen können.

d) Gefühl, «Wissen» aus dem Bauch
Wovor habe ich Angst? Worauf muss ich besonders achten?

Schadensbegrenzung

Wenn wir einen Unfall trotz allen Vorsichtsmassnahmen nicht ausschliessen können, versuchen wir wenigstens, die Folgen zu mindern:
- LVS und Schaufel verbessern bei einem Lawinenunfall die Überlebenschancen eines ganz Verschütteten. Avalanche Ball, Air Bag und Ava Lung verringern das Risiko zusätzlich.
- Helm beim Freeriden.
- Anseilen auf dem Gletscher inkl. Beherrschen der Spaltenrettung.
- Mitführen von Apotheke, Notfunk, Biwaksack usw.

Redundanz

Redundanz bedeutet die Verwendung eines zusätzlichen, unabhängigen Sicherungssystems. Redundante Systeme erhöhen die Sicherheit enorm[1]. Sie werden dort eingesetzt, wo eine hohe Schadensgrösse verhindert werden muss. Beispiele:
- Zweite Verankerung am Standplatz, als Schutz vor Seilschaftsabsturz.
- LVS-Kontrolle vor der Tour, für den Fall, dass jemand vergessen hat, dieses einzuschalten.

Material

Dank strenger Normen ist die Bergsteigerausrüstung zuverlässig und sicher. Trotzdem lohnt es sich, sie regelmässig zu überprüfen und defekte Sachen auszusondern.

Häufiger als Materialfehler ist eine falsche Anwendung, oder dass wir das richtige Material nicht mitführen.

Bessere Ausbildung und Technik

Eine gute Ausbildung ermöglicht uns, die Gefahren zu erkennen und zu meiden oder z.B. gar nicht erst zu stürzen. Das Risiko müsste mit steigendem Ausbildungsstand abnehmen. Statistiken zeigen aber, dass dem nicht so ist. Wir tendieren dazu, unsere Ausbildung nicht für mehr Sicherheit auf der gleichen Tour, sondern zum Erweitern unseres Bewegungsspielraums bei gleichem Risiko zu nutzen.

---

[1] Es gilt: $W = W_1 \times W_2$, also: selten x selten = praktisch nie.

Gefahren im winterlichen Gebirge

Es ist der Mensch, der sich den Gefahren des Gebirges aussetzt. Die Statistik der vergangenen Jahre zeigt die Unfallschwerpunkte. Unberücksichtigt bleibt die unterschiedliche Anzahl Tage, an denen die einzelnen Sportarten ausgeübt wurden.

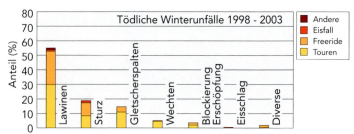

Lawinen

Lawinen fordern gut die Hälfte der Todesopfer im winterlichen Gebirge und werden in den Kapiteln «Lawinen» und «Lawinenrettung» behandelt.

Absturz

Beinahe jedes fünfte Bergopfer im Winter ist abgestürzt. Bei harter Schneeoberfläche können wir bereits in flachem Gelände abrutschen. Gefahr besteht vor allem oberhalb von Felswänden, Gletscherspalten oder beim Aufprallen auf Hindernisse wie Bäume, Steine usw.

Verhalten im Aufstieg:

- Langsam gehen, auch der schwächste Teilnehmer soll nicht im Stress sein.
- Gute Spur anlegen (möglichst griffig und nicht zu steil). Dazu evtl. stampfen oder mit Pickel ritzen.
- Harscheisen reduzieren das Risiko auszurutschen.
- Wenn nötig zu Fuss oder mit Steigeisen gehen (insbesondere bei Soft Boots oder bei Schneeschuhläufern mit Treckingschuhen).
- Spitzkehren nur wenn nötig und wenn möglich an flacheren Stellen, an Orten mit weicherem Schnee oder unmittelbar oberhalb von «Auffangnetzen» wie Bäumen oder Felsblöcken. Evtl. Wendeplattformen schaufeln, besonders bei grossen Gruppen, ungeübten Tourengehern oder Senioren.
- Den Teilnehmern an heiklen Stellen helfen.
- Bei Bedarf Seilsicherung gemäss Kapitel «Sicherung».

Grundwissen

Verhalten auf der Abfahrt
- Tour und Abfahrtsroute den Verhältnissen und Teilnehmern anpassen.
- Bei Bedarf langsam und kontrolliert fahren, evtl. Spurfahren.
- Steile, harte Hänge nur befahren, wenn wir uns der Sache sicher sind.
- Wenn nötig zu Fuss oder mit Steigeisen absteigen.
- Bei Bedarf am Fixseil abrutschen.
- Vorsicht vor gruppendynamischen Prozessen («Wir können alle diesen Steilhang befahren»).

Oft ist es hilfreich, wenn der Leiter direkt vor oder unter dem schwächsten Teilnehmer fährt. Das Auffangen eines Rutschers ist allerdings schwierig.

Für Freerider mit dem Snowboard ist das Absturzrisiko ebenso gross wie das Lawinenrisiko. Gründe dafür sind die hohe Fahrgeschwindigkeit oder die beschränkten Möglichkeiten, sich aus einer heiklen Situation zu befreien.

Gletscherspalten

Auf Wintertouren ist jeder 5. Todesfall ein unangeseilter Spaltensturz. Wichtig sind eine gute Routenwahl unter Einbezug der Verhältnisse (siehe Kapitel «Sicherung»). Auf kritischen Abschnitten seilen wir uns korrekt an und halten das Seil gestreckt.

Nach einem Spaltensturz müssen wir den Gestürzten aus der Spalte bergen können. (Siehe Abschnitte «Anseilen» und «Spaltenrettung».)

Sturm, Kälte, Blockierung, Erschöpfung

Schlechtes Wetter stellt ein zusätzliches Risiko dar:
- Gefahren sind schlechter erkennbar.
- Kommunikation ist erschwert.
- Orientierung ist erschwert (siehe Abschnitt «Orientierung»).
- Höherer Zeitbedarf (siehe Abschnitt «Tourenplanung»).
- Gefahr von Erschöpfung, Unterkühlung und Erfrierungen (siehe Abschnitt «Erste Hilfe», Windchill siehe S. 27).
- Keine Helirettung möglich.

Schützen können wir uns wie folgt:
- Auch bei schönem Wetter gute Kleidung und Notfallausrüstung mitnehmen.
- Orientierungsmittel mitführen und beherrschen.
- Tourenplanung seriös durchführen.
- Wetterbericht hören, Schlechtwetterzeichen ernst nehmen und rechtzeitig umkehren.
- Zurückhaltung bei Überschreitungen und Abfahrten in uns unbekanntes Gelände.

⇨ Im Schnee eingegraben, können wir lange überleben (siehe Abschnitt «Biwak»).

⇨ GPS zurückhaltend anwenden. Es vermindert die Gefahren des winterlichen Gebirges nicht, verführt uns aber, ins schlechte Wetter zu gehen.

Wechten

Wechten können jederzeit abbrechen, weshalb wir uns möglichst nicht darauf oder in der Sturzbahn aufhalten sollten.
- Verwechteten Graten und Geländekanten in gebührendem Abstand folgen.
- Zuerst von einer Felsnase aus schauen, wie gross die Wechte ist.
- Vorhandene Spuren garantieren nicht, dass wir uns nicht auf der Wechte befinden.
- An verwechteten Graten kann Seilsicherung nötig sein.
- Weiche Wechten brechen besonders leicht ab.

 Als Leiter bei Ankunft auf dem Gipfel mit einer Spur den Rastplatz vom gefährdeten Bereich abgrenzen.

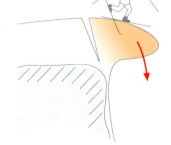

Wechten brechen oft nicht vertikal, sondern schräg nach hinten ab.

Eisschlag vom Gletscher

Eistürme (Séracs) können jederzeit abbrechen; es gibt keine tageszeitlichen Schwankungen. Wenn möglich, meiden wir die Sturzbahn (sie ist länger als viele Bergsteiger denken!). Andernfalls passieren wir die Gefahrenzone wie folgt:

Grundwissen **53**

- In flacher Spur rasch traversieren, im Aufstieg Tempo erhöhen. Auf Abfahrt relativ langsam, aber kontinuierlich fahren, um Stürze zu vermeiden. Keine Pausen, Fotohalte usw.
- Vorgängig Material kontrollieren (Halten die Felle? Brauche ich Harscheisen?) und evtl. Verschnaufpause einlegen. Dabei aber auch nicht unnötigen Stress aufbauen.
- So weit entfernt wie möglich traversieren, denn grössere Abbrüche sind seltener als kleine.
- Sérac beobachten, damit mehr Zeit für die Flucht bleibt.

Angeseilt oder in eng aufgeschlossener Gruppe ist das Risiko nicht grundsätzlich erhöht. Flucht und Rettung werden aber erschwert.

Sonnenbrand

Sonnenbrand ist eine häufige Verletzung beim Bergsteigen, vor allem bei hellhäutigen Menschen (Hauttyp I und II). Wiederholte Sonnenbrände (auch leichte) erhöhen das Risiko von Hautkrebs wesentlich. Verursacht wird er durch UV-B Strahlung (280-320 nm), deren Intensität beim Bergsteigen besonders hoch ist:
- pro 1000 Höhenmeter nimmt sie um 15-20 % zu;
- vom Schnee wird sie zu fast 100 % reflektiert;
- die Ozonschicht wird dünner.

An einem durchschnittlichen Tag in den Bergen überschreiten wir die international empfohlenen Richtwerte um ca. das 10-fache. Die Hälfte der täglichen UV-B Strahlung erreicht uns in den zwei Mittagsstunden.

Vorbeugende Massnahmen
- Starke Sonnencreme (mind. Faktor 15, besser 30) mit ebenfalls hohem UV-A Schutz dick und schon ½ Stunde vor der ersten Sonnenexposition auftragen. Anwendung regelmässig wiederholen.
- Lippenschutzpräparat mit mind. Faktor 20 benutzen.
- Gesicht durch Schirmmütze vor direkter Sonneneinstrahlung schützen.
- Dunkle, dicht gewobene Kleider bieten fast vollständigen UV-Schutz. Leichte, helle Stoffe etwas weniger.
- Augen durch eine Sonnenbrille der Kategorie 4 schützen, die auch Streustrahlung von unten und von der Seite abhält.

Haut regelmässig auf Veränderungen und Flecken absuchen und bei Verdacht sofort einen Dermatologen aufsuchen. Bei rechtzeitiger Diagnose ist Hautkrebs meistens mit einer kleinen Operation heilbar.

Möhrle, 2002 und *2003*

Fitness und Ernährung

Experten Ernährung:
Monica Zehnder und Marc Frauchiger, Ernährungswissenschafter

Fitness

Bergsteigen ist ein Breitensport und nicht nur durchtrainierten Athleten vorbehalten. Wichtig ist, dass das Tourenziel unseren körperlichen und technischen Fähigkeiten entspricht. Wird eine Tour zur Tortur, kann es rasch gefährlich werden, insbesondere wenn erschwerende Faktoren wie schlechtes Wetter dazu kommen.

Wenige Menschen sind so oft im Gebirge, dass sie durch Bergsteigen fit werden. Im Normalfall sollten wir schon fit in die Berge gehen. Klassisches Bergsteigen (nicht Sportklettern, Eisklettern usw.) ist ein Langzeit-Ausdauersport. Als Training eignet sich jede Langzeit-Ausdauersportart, wie z.B. Laufen, Rad fahren, Schwimmen, Skilanglauf, Inlineskaten, Rudern usw.

Dabei sollten wir eine Sportart wählen, die uns Freude bereitet. Sonst verflüchtigen sich die guten Vorsätze, lange bevor sich unser Herz-Kreislauf- und Atmungssystem verbessert haben.

[i] Für das Hochgebirge müssen wir uns, unabhängig von unserer Kondition, zusätzlich an die Höhe akklimatisieren (siehe «Bergsport Sommer»).

[i] *Spring et al., 1997 und Hegner et al., 2004.*

Ernährung

Die Ernährung ist ein leistungsbestimmender Faktor beim Bergsteigen, dem wir oft zu wenig Beachtung schenken. Die Ernährungsempfehlungen für einen Sportler und einen gesunden Nichtsportler unterscheiden sich kaum. Die Grundlagen einer ausgewogenen Ernährung gelten auch für uns Bergsteiger.

Ernährungs-Grundlagen

Langfristig ist eine ausgeglichene Energiebilanz wichtig, dass wir also weder zu- noch abnehmen. Der Energiebedarf variiert je nach Person und Aktivität stark. Eine Person von 70 kg verbraucht bei sitzender Tätigkeit etwa 2500 kcal pro Tag. Auf einer sehr strengen Bergtour kann sich dieser Bedarf verdreifachen. Den Energiebedarf decken wir durch die Makronährstoffe Kohlenhydrate, Fett und Eiweiss. Die Ernährungspyramide gibt eine gute Empfehlung über die Zusammensetzung unserer Ernährung.

Details zur Ernährungspyramide siehe www.sve.org

Quelle: Schweiz. Ges. f. Ernährung, modifiziert

Makronährstoff	Empfohlene Menge pro Tag	Beispiele (10 g enthalten in)
Kohlenhydrate *(4 kcal/g)* • Stärke und verschiedene Zucker • Wichtigste Energiequelle. In der Muskulatur als Glykogen gespeichert • Glykämischer Index siehe S. 56	6–10 g/kg Körpergewicht • Normalerweise vor allem Stärke	14 g Teigwaren (Trockengewicht) 22 g Brot (1 dünne Scheibe) 2 getrocknete Aprikosen 16 g Schokolade (1 Reihe) ⅔ eines Getreideriegels 1 dl Soft-Drink
Fett *(9 kcal/g)* • Enthält sehr viel Energie • Teilweise auch in der Muskulatur gespeichert • Nötig, um fettlösliche Vitamine aufzunehmen (A, D, E, K)	1–3 g/kg Körpergewicht • Je ⅓ gesättigte, einfach und mehrfach ungesättigte Fettsäuren	40 g Hartkäse vollfett (z.B. Emmentaler) 15 g Nüsse 30 g Salami (4 feine Scheiben) 30 g Schokolade (2 Reihen) 40 g Nusstorte (½ kleines Törtli)

Makronährstoff	Empfohlene Menge pro Tag	Beispiele (10 g enthalten in)
Eiweiss (4 kcal/g) • Wichtig für Aufbau und Erneuerung der Körperzellen • Geringe Rolle als Energielieferant	1,2–1,8 g/kg Körpergewicht	35 g Hartkäse (1 grosses Stück) 25 g Bündnerfleisch (3–4 Scheiben) 60 g Baumnüsse (2 kleine Handvoll) 50 g Linsen (getrocknet)

Glykämischer Index

Der glykämische Index (GI) gibt an, wie ein Lebensmittel (bzw. die darin enthaltenen Kohlenhydrate) unseren Blutzucker beeinflusst. In der Basisernährung bevorzugen wir Lebensmittel mit einem tiefen oder mittleren GI, da sie zu einem konstanten Blutzuckerstoffwechsel beitragen. Aufgrund der schnelleren Aufnahme von Zucker ins Blut macht die Einnahme von Lebensmitteln mit einem hohem GI während der Sportausübung jedoch Sinn.

GI	Nahrungsmittel
Hoch	Traubenzucker, Bananen, Weissbrot, Kartoffeln, Sportgetränke, gesüsster Tee
Mittel	Müesli, Getreideriegel, Vollkornbrot, Teigwaren, Dörrfrüchte
Tief	Hülsenfrüchte, Früchte, Gemüse, Milchprodukte, Schokolade, Nüsse

[i] Details zum GI siehe www.glycemicindex.com

Bei Unterzuckerung sinkt unsere Leistungsfähigkeit stark. Bei den ersten Anzeichen nehmen wir sofort Lebensmittel mit hohem GI ein.

Flüssigkeit

Wasser ist der wichtigste leistungsbegrenzende Faktor bei sportlicher Betätigung. Schon ein geringer Flüssigkeitsmangel führt zu einer deutlichen Leistungseinbusse. Den täglichen Flüssigkeitsbedarf von 2–3 Litern decken wir je etwa zur Hälfte aus der Nahrung und durch Getränke. Beim Sport erhöht sich unser Flüssigkeitsbedarf, weil wir beim Schwitzen Wasser verlieren. Bei trockener Umgebungsluft (in den Bergen häufig) verlieren wir zusätzlich pro Stunde bis zu 0,3 Liter Wasser über die Lunge. Als Getränke eignen sich Wasser, Tee, Sirup, verdünnte Fruchtsäfte sowie spezielle Sportgetränke. Natrium (enthalten in Kochsalz) ist der einzige darin notwendige Mineralstoff (verbessert die Zucker- und Wasseraufnahme, verhindert erhöhte Harnausscheidung).

Nicht erst trinken, wenn wir starken Durst verspüren. Mit einem Trinkschlauchsystem (Camel Bag) können wir auch ohne Pause trinken. Bei tiefen Temperaturen ist eine Thermosflasche sinnvoll.

Nach der Tour viel trinken, auch wenn wir keinen Durst mehr verspüren.

In heissen Tee gestreuten Schnee kühlt das Getränk und streckt unseren Trinkvorrat.

Ausdauersport

In der untenstehenden Tabelle werden die Ernährungsempfehlungen für den Ausdauersport vor, während und nach der körperlichen Belastung zusammengefasst.

3–1 Tage davor	• Lebensmittel mit tiefem GI zum Füllen der Glykogenspeicher in den Muskeln. • Vor langen Touren zusätzlich fettreiche Snacks essen. • Viel trinken (Wasser, Tee).
3–0 Stunden davor	• Kohlenhydrate mit hohem GI: 1,5–3 g/kg Körpergewicht. • Viel trinken (gezuckerter Tee, Sportgetränke).
Während dem Sport	• Kohlenhydrate mit mittlerem bis hohem GI (gesüsste Getränke, Süssigkeiten): 1g/kg Körpergewicht pro Stunde. • Bis zu 1 l/Std. gesüsste Getränke (60-80g Zucker/l) mit 1–1,5 g Salz/l.
Danach	• Kohlenhydrate (1-1,5 g/kg Körpergewicht) mit hohem GI sofort nach der Belastung beschleunigen die Regeneration. • Am besten zusammen mit eiweisshaltigen Lebensmitteln. • Viel trinken («über den Durst»).

Ernährung im Sport siehe www.sfsn.ethz.ch sowie *Schek, 2002*.

Ausrüstung

Bekleidung	60
Tourenausrüstung	62
Notfallausrüstung	65
Technische Zusatzausrüstung	68

Es ist eine Kunst, aus dem Angebot an verschiedenem Material das Richtige zu wählen. Zu wenig kann gefährlich, zu viel hinderlich sein. Besonders empfehlenswert sind Gegenstände mit Doppelnutzen: die lange Unterwäsche, die uns auch als Pyjama dient oder eine Bandschlinge für die Ausgleichsverankerung, mit der wir uns beim Abseilen selbstsichern. Auch das beste Material nützt uns aber nichts, wenn wir nicht damit umzugehen wissen.

Bekleidung

Die Bergsteigerbekleidung soll vor Kälte, Wind und Nässe schützen und den Schweiss nach aussen transportieren. Die Bekleidung soll bequem, leicht und robust und darf durchaus modisch sein. Mindestens ein Kleidungsstück sollte eine gut sichtbare Farbe aufweisen.

Mehrere dünne Schichten

Mehrere dünne Schichten erlauben es uns, die Bekleidung den jeweiligen Bedingungen anzupassen (Schalenprinzip). Von innen nach aussen sind dies:
- Thermo- oder Funktionsunterwäsche.
- Eine oder mehrere Isolationslagen, die wenig Wasser aufnehmen und unsere Bewegungsfreiheit nicht behindern (Power Stretch, Fleece o.ä.). Eine winddichte und wasserabweisende Membran (Softshell, Windstopper, o.ä.) macht die oberste dieser Schichten etwas schwerer, aber angenehmer bei wechselhaftem Wetter.
- Eine äusserste, dampfdurchlässige Schutzschicht gegen Wind und Nässe (Anorak, z.B. aus Gore Tex).

Anorak

- Taschen auch unter Klettergurt zugänglich.
- Eine gut schliessende Kapuze, die einen Blick nach hinten erlaubt und über den Helm gezogen werden kann.
- In beide Richtungen dehnbare Stoffe erhöhen die Bewegungsfreiheit.

 Kurze Bändel an den Schlitten der Reissverschlüsse machen diese auch mit Handschuhen bedienbar.

Hose

- Wasserabweisendes, schnell trocknendes Gewebe oder
- Stoff analog zum Anorak. Seitliche Reissverschlüsse zur Belüftung bei warmem Wetter.
- Hose soll auch bei gebeugtem Knie über die Schuhe reichen und integrierte Gamaschen haben. Beim Gehen mit Steigeisen sind enge Hosenbeine sicherer.
- Evtl. seitliche Oberschenkeltasche für Landeskarte.

Socken

- Moderne Sportsocken werden aus einem Wolle-Kunstfaser-Garn hergestellt.
- Ein Frotteepolster reduziert die Blasenbildung.

Schuhe

- Müssen an den Fuss passen und deshalb im Laden sorgfältig anprobiert werden. Ein Skitourenschuh ist ein Kompromiss zwischen Bequemlichkeit im Aufstieg und optimalem Halt bei der Abfahrt.
- Gut sitzende Schuhe sind besser zum Fahren. Allzu enge Schuhe behindern die Durchblutung und führen leicht zu kalten Füssen.

Pistenschuhe ohne Profilgummisohlen können gefährlich sein, sobald wir ohne Skis unterwegs sind. Ohne herausnehmbaren Innenschuh ist es schwierig, den Schuh auf Mehrtagestouren zu trocknen, und es besteht eine erhöhte Erfrierungsgefahr.

Handschuhe

- Herausnehmbare Innenhandschuhe trocknen schneller.
- Aussenhandschuhe mit griffiger Beschichtung der Handfläche sind vorteilhaft.
- Bei grosser Kälte bevorzugen wir besser isolierende Fausthandschuhe.
- Fingerhandschuhe aus Leder oder Latex haben den besten Grip für Winterklettereien.

Stulpen müssen mit dem Anorak überlappen, und das Innenfutter darf beim Ausziehen der Handschuhe nicht verrutschen.

Kopfbedeckung

- Die Mütze muss die Ohren gut schützen.
- Eine Schirmmütze schützt das Gesicht vor direkter Sonnenstrahlung und die Brille vor leichtem Schneefall.

Sonnenbrille

- Schutzklasse 4 d.h. Absorption von 100% UVA, UVB, UVC und von 92–97% des sichtbaren Lichts.
- Seitlich gut abschliessend.

 Eine Skibrille ist bei Sturm und Schneetreiben vorteilhaft und schützt zudem die optische Brille vor Vereisung.

 Kontaktlinsen befreien Brillenträger vom Problem der beschlagenen Gläser.

Tourenausrüstung

Rucksack

- Die passende Rückenlänge wird durch Probetragen ermittelt.
- Ideale Volumen: 30 l für Wochenendtour, 40 l für Hochtourenwoche.
- Befestigungsmöglichkeiten für Skis, Snowboard, Schneeschuhe, Pickel, Skistöcke.

 Rucksäcke mit Rollverschluss oder einem Reissverschluss am Rücken lassen sich auch bei aufgebundenem Snowboard öffnen.

Trinkflasche

- Ein Camel Bag kann in den meisten Rucksäcken integriert werden und ermöglicht das Trinken ohne anzuhalten. Bei tiefen Temperaturen den Schlauch isolieren und nach dem Trinken Flüssigkeit ins Reservoir zurück blasen.
- Bei grösserer Kälte benutzen wir eine unzerbrechliche Thermosflasche.

Skistöcke

- Ski- und Schneeschuhtouren: beliebige Skistöcke mit genügend grossen Tellern.
- Snowboardtouren: 3- oder 4-teilige Teleskopstöcke.

Skis

Taillierte Skis mit einem Carving Radius von ca. 20 m. Länge (cm) je nach Gewicht und Fahrkönnen, etwa Körpergewicht +100.
- Eine weiche Skischaufel erhöht den Auftrieb im Tiefschnee.
- Skis in Massivbauweise gleiten spurtreuer und greifen besser auf Hartschnee.
- Breitskis sind für Pulverschneeabfahrten geeignet, erschweren jedoch den Aufstieg in einer bestehenden Spur. Wir empfehlen diese eher als Zweitski zum Freeriden.
- Löcher in Schaufel und Enden erleichtern den Bau eines improvisierten Rettungsschlittens und die Spaltenrettung.

Bindung

Alle Tourenbindungen ermöglichen ein Anheben des Fusses bis zu 90° und haben integrierte Steighilfen.
- Nicht alle Tourenbindungen sind vollwertige, TüV geprüfte Sicherheitsbindungen.
- Schwere Personen sollten eine stabile Bindung wählen.

Stopper sind sicherer als Fangriemen (Verletzungsgefahr bei Sturz, Ankerwirkung in einer Lawine).

Sicherheitsbindungen korrekt einstellen lassen.

Felle

- Zu taillierten Skis besser taillierte Klebfelle verwenden.
- Gute Gleiteigenschaften erlauben ein kraftsparendes Schieben des Skis.
- Regelmässiges Imprägnieren (Wachsen) der Felle reduziert die Stollenbildung.

Zu Fellen mit Gummispannern Reparaturmaterial mitführen.

Harscheisen

Harscheisen erleichtern das Begehen harter Steilhänge. Sie müssen auch bei aufgeklappter Steighilfe greifen.

Snowboard

Ein nicht allzu grosses, leichtes Freeride-Board ist optimal. Alle Bindungstypen sind möglich:
- Softboots haben keine Kanten und erfordern im Aufstieg zu Fuss oft Steigeisen.
- Klicker-Bindungen können beim Einsteigen im Pulverschnee Probleme verursachen.
- Hardboots bieten im Tiefschnee weniger Abfahrtsgenuss.

Schneeschuhe

- Für Winterwanderungen verwenden wir beliebige Schneeschuhe.
- Für steiles Gelände oder grössere Aufstiege eignen sich nur Modelle mit Steighilfe und besonders guten Harscheisen. Modelle mit Rohrrahmen sind ungeeignet.
- Eine stark aufgebogene Spitze erleichtert bei Bruchharsch und im Abstieg das Nachziehen des Schneeschuhs.

Stirnlampe

- LED-Lampen sind kleiner und haben eine viel längere Brenndauer als herkömmliche Glühbirnen.
- Ein fokussierbarer Lichtkegel und evtl. eine zusätzliche Halogenbirne erleichtern das Suchen des Weges.

[i] Orientierungsmittel (Kompass, Höhenmesser, GPS) siehe Abschnitt «Orientierung».

Notfallausrüstung

Persönliche Grundausrüstung

Die folgenden Gegenstände gehören im winterlichen Gebirge abseits der Pisten zur Standardausrüstung. Wir sollten sie unabhängig von der Lawinengefahr stets mitführen.

LVS (Lawinen Verschütteten-Suchgerät)

Das Beherrschen des LVS ist viel wichtiger als der Gerätetyp (siehe Abschnitt «Lawinenrettung»).

Lawinensonde

Eine Sonde erleichtert die Ortung eines Verschütteten. Sie besteht aus ca. 40 cm langen, durch ein Drahtseil verbundenen Alurohren und wird per Handgriff zu einer ca. 3 m langen Stange zusammengefügt.

Lawinenschaufel

Eine moderne Lawinenschaufel hat ein gekrümmtes Blatt und einen langen Stiel (evtl. teleskopierbar) mit Handgriff.

> Schaufelblätter ohne Krümmung sind nicht effizient. Sie stechen einen Schlitz in den Schnee, brechen aber die Scholle nicht heraus.

> Schaufelblätter aus Metall brechen die Schollen besser ab, weil sie weniger nachfedern.

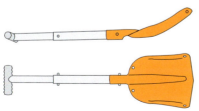

Gruppenausrüstung

Kommunikationsmittel

Ausserhalb der Skigebiete sind die Schweizer Alpen von den Mobilfunknetzen relativ schlecht abgedeckt. Wir empfehlen, nebst dem Handy auch ein Notfunkgerät mitzuführen (siehe S. 245).

Apotheke

Inhalt siehe Checkliste auf S. 254.

Rettungsschlitten

Je nach Wetter und Gruppenzusammensetzung ist ein Rettungsschlitten sinnvoll. Nebst dem Schlitten benötigen wir auch ein Zug-/Bremsseil.

Biwaksack

Der Biwaksack leistet zum Schutz vor Unterkühlung oder zum Abtransport eines Verletzten auf dem Rettungsschlitten gute Dienste.

Reparaturset

Inhalt siehe Checkliste S. 254.

Zusatzausrüstung

Es gibt zusätzliche Ausrüstungsgegenstände, die das Risiko im Falle einer Lawinenverschüttung reduzieren. Besonders wirkungsvoll sind sie dort, wo eine Kameradenrettung mit dem LVS nicht rasch genug erfolgen würde, etwa für einen Tourenleiter, der mit Anfängern unterwegs ist.

> Eine Lawinenverschüttung ist immer lebensgefährlich. Diese Zusatzausrüstung reduziert das Risiko nur, wenn wir nicht gleichzeitig unser Verhalten ändern und leichtfertiger eine Verschüttung riskieren.

Airbag (Air Bag System, ABS)

Ziehen wir bei einem Lawinenabgang die Reissleine, so füllt eine Druckgasflasche in Sekundenschnelle zwei zusammengefaltete, im Rucksack untergebrachte Ballone. Das um 150 l vergrösserte Volumen reduziert unsere

Dichte, vor allem aber nutzt es die Tatsache, dass grosse Partikel vermehrt an die Lawinenoberfläche gelangen.

Wenn wir mit der Lawine mitfliessen, haben wir mit aufgeblasenem Airbag gute Chancen, an der Oberfläche zu bleiben. Stehen wir dagegen ganz unten im Hang oder werden wir nach dem Stillstand der Lawine noch von nachfliessendem Schnee zugedeckt, so werden wir trotzdem verschüttet.

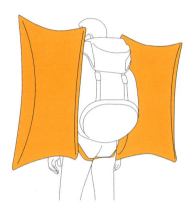

Der Airbag schützt uns weder vor einem Absturz noch vor einer Teil- oder Ganzverschüttung. Die Chance, dass der Airbag an der Oberfläche sichtbar ist, ist aber gross.

Avalanche Ball

Bei einem Lawinenabgang ziehen wir die Reissleine und öffnen damit einen auf dem Rucksack befindlichen Ballon (mittels Federn). Der Ballon ist mit einer langen Schnur an unserem Körper befestigt und hat eine so geringe Dichte, dass er in der Lawine obenauf schwimmt und damit sichtbar bleibt. Der Avalanche Ball erlaubt ein rasches Auffinden des Opfers. Er reduziert aber weder die Verschüttungstiefe noch die Zeit zum Ausgraben.

Ava Lung

Bei einem Lawinenabgang nehmen wir den neben dem Gesicht getragenen «Schnorchel» in den Mund. Dieser ist mit einem Ventil ausgestattet, das die ein- und ausgeatmete Luft trennt. Dies ermöglicht uns, sofern wir den Brustkorb noch bewegen können, in der Lawine zu atmen. Die Ava Lung verhindert weder die Verschüttung, noch erleichtert sie das Auffinden des Opfers. Sie kann aber helfen, in der Lawine länger zu überleben, damit für die Kameradenrettung mehr Zeit zur Verfügung steht.

Technische Zusatzausrüstung

Viele Gegenstände (Seile, Pickel, Steigeisen, aber auch LVS usw.) gelten als persönliche Sicherheitsausrüstung und dürfen in der EU nur verkauft werden, wenn sie die EN-Normen erfüllen. Noch strengere Anforderungen stellen die Normen der UIAA (Union Internationale des Associations d' Alpinisme).

Pickel

Für die meisten Winter-Touren genügt ein leichter «Allroundpickel» mit einer leicht gekrümmten Stahlhaue und ca. 55 bis 65 cm Länge.
- Zum Ritzen oder gar Stufen Schlagen muss der Pickel ein gewisses Gewicht und einen guten «Zug» haben.
- Die EN-Norm definiert 2 Kategorien von Pickeln (B für Basic, T für Technical). Für Verankerungen (T-Schlitz, Abalakow-Schlinge) bevorzugen wir Pickel, die der strengeren T-Norm genügen.
- Alu-Pickel sind im Eis ungeeignet.

[i] Material zum Eisfallklettern siehe Kapitel «Steileis- und Mixedklettern».

Steigeisen

Wir wählen Steigeisen mit Riemenbindung, falls wir diese auch auf bedingt steigeisenfesten (Sommer-) Schuhen tragen. Ansonsten bevorzugen wir Steigeisen mit Schnellverschluss-Bindung.

Auf Softboots passen nur Riemenbindungen und wir prüfen, ob die Steigeisen genügend breit und die Riemen genügend lang sind.

Antistollplatten verhindern die gefährliche Stollenbildung weitgehend und gehören an jedes Steigeisen.

Aluminium-Steigeisen sind höchstens für leichtere, reine Schneetouren geeignet.

Steigeisen mit Kipphebelbindung und Antistollplatte.

Anseilgurt

Im Winter eignen sich leichte, wenig gepolsterte Hüftgurte mit verstellbaren Beinschlaufen.
- Damen achten auf lösbare Beinschlaufen oder eine aushängbare Verbindung zwischen Hüftgurt und Beinschlaufen.
- Klettergurte müssen passen, auch über die Winterkleidung: am besten im Laden «probehängen».

Übergewichtige Personen benötigen zusätzlich einen Brustgurt für kombinierte Anseilmethode (siehe S. 165).

Seil

Überall, wo ein Sturz möglich ist sieht die Norm die Verwendung von Einfachseilen vor. Gegen Abrutschen (z.B. Sicherung am kurzen Seil in einer Firnflanke, Abrutschen am Fixseil) genügt ein Strang eines Halbseils. Im Steileis verwenden wir oft zwei Halbseile.

Imprägnierte Seile vereisen weniger.

Weitere Informationen über Seile siehe «Bergsport Sommer».

Eisschrauben

Nur geprüfte Schrauben in Rohrform (EN 568 oder strengere UIAA 151) garantieren eine genügende Festigkeit und halten bei mindestens 14 cm Länge in gutem Eis über 15 kN.
- Kürzere Schrauben werden bei dünnen Eisauflagen eingesetzt, halten aber deutlich weniger.
- Nur gut geschliffene Qualitäts-Eisschrauben aus Stahl und mit Kurbel lassen sich in jedem Eis rasch und mit einer Hand eindrehen.

SAC – Bergsport Winter

Lawinen

Lawinenarten	72
Auslösung eines Schneebretts	74
Lawinen bildende Faktoren	80
Beurteilung der Lawinengefahr	98
Risiko abschätzen und minimieren	106

Lawinenarten

Experten: Stephan Harvey, SLF und Jürg Schweizer, SLF

Lawinen brechen entweder linien- oder punktförmig an. Beide Lawinenarten, *Schneebretter* und *Lockerschneelawinen*, können aus trockenem oder feuchtem Schnee bestehen und innerhalb der Schneedecke oder auf dem Untergrund abgleiten. Sie gehen entweder spontan ab oder werden von Zusatzlasten wie z.B. Menschen ausgelöst.

Lockerschneelawinen

Lockerschneelawinen breiten sich vom Auslösepunkt nach unten aus, indem der abrutschende Schnee immer mehr Schnee mitreisst. Lockerschneelawinen gehen oft während oder kurz nach einem Schneefall oder bei starker Erwärmung ab. Bei trockenem (Pulver)Schnee ist im Auslösepunkt meistens eine Neigung von 40° erforderlich.

Lockerschneelawinen lösen sich oft spontan, fordern weniger als 10% der Lawinenopfer und diese oft im Sommer. Eine vom Schneesportler ausgelöste Lockerschneelawine verschüttet diesen normalerweise nicht, kann ihn aber mitreissen und zum Absturz bringen.

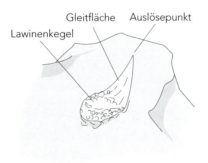

Schneebretter

Bei einer Schneebrettlawine gleitet eine ganze Schneetafel grossflächig ab. Typisch ist der breite, scharfkantige Anriss. Schneebretter fordern über 90% der Lawinenopfer.

Ein Schneebrett kann selbst lange nach einem Schneefall von einem beliebigen Punkt inner- oder sogar ausserhalb der Lawinenfläche ausgelöst werden und erreicht sofort eine hohe Geschwindigkeit. Wer ein Schneebrett auslöst, steht oft mitten drin und wird häufig erfasst. In 90% der Fälle lösen die Betroffenen «ihr» Schneebrett selbst aus.

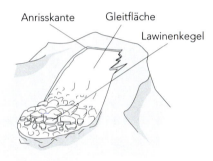

Lawinen bei nassem Schnee

In einer durchfeuchteten Schneedecke können schon bei relativ geringer Neigung (< 30°) sowohl Lockerschneelawinen als auch Schneebretter abgehen. Die Verhältnisse innerhalb der Schneedecke im Bereich der Gleitschicht sind massgebend. Daher ist es möglich, dass Nassschneelawinen auch nach einsetzender, oberflächlicher Abkühlung noch abgehen. Erst eine tragfähig gefrorene Kruste macht eine Nassschneelawine unwahrscheinlich. Nasse Schneebretter gehen meist spontan ab und werden kaum vom Menschen ausgelöst.

> Tour bei Frühjahrsverhältnissen rechtzeitig beenden.

> Die weiteren Ausführungen gelten für trockene Schneebretter.

Auslösung eines Schneebretts

Für die Auslösung einer Schneebrettlawine müssen vier Bedingungen erfüllt sein:

1. Existenz einer kritischen Schicht
Die Schneedecke besteht aus verschiedenen, übereinander liegenden Schichten mit unterschiedlichen Eigenschaften. Bedingung für ein Schneebrett ist ein Bruch entlang einer wenig stabilen, kritischen Schicht. Die Existenz einer kritischen Schicht können wir nur selten ausschliessen. Typisch sind:
- eingeschneiter Oberflächenreif.
- Schwimmschnee.

2. «Genügende» Zusatzbelastung
Bei sehr ungünstigen Verhältnissen kann ein Schneebrett ohne zusätzliche Belastung abgehen oder es genügt bereits die Zusatzbelastung durch Neuschnee oder Regen.

Mit einer grossen Zusatzbelastung wie einer Sprengung ist die Wahrscheinlichkeit grösser, ein Schneebrett auszulösen. Aber auch unser Eigengewicht kann genügen, um einen Bruch zu erzeugen: bei ungünstigen Verhältnissen praktisch überall im Hang, bei mittleren Verhältnissen nur noch an bestimmten Stellen, den sog. «Hot Spots».

Die zusätzliche Belastung[1] nimmt mit der Tiefe ab, bei hartem Schnee besonders schnell. Eine Schneebrettauslösung ist wahrscheinlicher:
- wenn die kritische Schicht nur wenig unter der Oberfläche liegt;
- bei weichem Schnee;
- bei grosser Belastung (z.B. Sturz, beieinander stehende Gruppe).

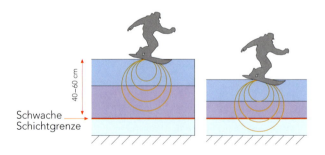

[1] Korrekt: Zusatzspannung, d.h. zusätzliche Belastung pro Fläche.

Schneebretter sind leichter auszulösen an Orten mit geringer Schneehöhe. Ist die Schwachschicht tiefer als 1 Meter unter der Schneeoberfläche, so können wir sie an dieser Stelle kaum auslösen.

3. Gebundener Schnee

Der direkt unter uns erfolgte, anfänglich kleine «Initialbruch» kann sich nur über den Hang ausbreiten, wenn oberhalb der kritischen Schicht eine zusammenhängende, gebundene Schneeschicht vorhanden ist. Der Schnee in den Alpen ist durch die mässige Kälte und den Schneefall unter Windeinfluss fast immer gebunden. Bei grossen Neuschneemengen genügt auch die Setzung, um den Schnee zu binden.

Um ein Schneebrett zu bilden, muss der Schnee nicht bis an die Oberfläche hinauf gebunden sein. Es reicht eine gebundene Schicht oberhalb der Schwachschicht.

Bleibt der Spursteg stehen, so ist der Schnee gebunden.

4. Genügend steiler Hang

Je steiler der Hang, desto eher gleitet die gebrochene Schneeschicht ab. Die Unfallstatistik zeigt, dass trockene, von Schneesportlern ausgelösten Lawinen ab ca. 30° Neigung abgleiten können.

Schwacher Hangbereich (Hot Spots)

Die Festigkeit einer kritischen Schicht variiert innerhalb eines Hanges oft um ca. ±30%. Zusammen mit den unterschiedlichen Schichtmächtigkeiten resultieren daraus Bereiche, in denen wir ein Schneebrett auslösen können und andere, wo unsere Belastung für die Auslösung nicht ausreicht.

- Je leichter sich solche «schwachen Hangbereiche» auslösen lassen und je mehr davon vorhanden sind, desto grösser ist die Lawinengefahr. Die Gefahrenstufe des Lawinenbulletins ist ein Mass dazu.

- Je nach Höhenlage, Hangexposition od. Hangform existieren mehr oder weniger dieser «schwachen Hangbereiche». Die Kernzone des Lawinenbulletins umfasst die besonders gefährlichen Bereiche.

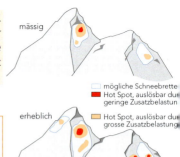

☐ mögliche Schneebretter
■ Hot Spot, auslösbar durch geringe Zusatzbelastung
■ Hot Spot, auslösbar durch grosse Zusatzbelastung

💣 Die exakte Lage der einzelnen «schwachen Hangbereiche» sind weder im Gelände noch wissenschaftlich bestimmbar.

Bruchmechanismus

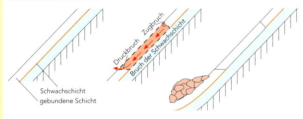

Schwachschicht

Eine eingeschneite Schwachschicht[1] ist Voraussetzung für die Bildung eines Schneebretts. Sie kann so dünn sein, dass wir sie von Auge kaum erkennen. Schwachschichten können wie folgt entstehen:
- Eine schwache Oberflächenschicht wird eingeschneit (z. B. Oberflächenreif).

Schwachschicht (eingeschneiter Oberflächenreif)

---

[1] Dicke Schwachschichten brechen meist in Randnähe, was zum Begriff der «schwachen Schichtgrenzen» geführt hat. Der Bruchmechanismus ist stets derselbe, so dass wir im Folgenden allgemein von «Schwachschichten» sprechen.

- Die Bindungen zwischen den Schneekristallen hatten noch zu wenig Zeit, um genügend stark heranzuwachsen (z. B. frischer Triebschnee auf Altschnee).
- Durch Umwandlung der Schneekristalle (siehe S. 87) bildet sich innerhalb der Schneedecke eine neue Schwachschicht, meist in unmittelbarer Nähe einer offensichtlichen Schichtgrenze (z. B. unter- oder oberhalb einer Kruste).

Der Bruchvorgang im Detail: ein Strukturbruch
Bei genauer Betrachtung ist eine Schneedecke ein dreidimensionales Gerüst aus miteinander verbundenen Schneekristallen. Dabei sind die Bindungen stets schwächer als die einzelnen Schneekristalle. Bindungen zwischen benachbarten Schneekristallen gibt es nicht nur innerhalb einer Schicht, sondern auch zwischen den verschiedenen Schichten der Schneedecke.
Bei einem Bruch in der Schneedecke brechen zuerst einzelne, besonders hoch belastete Bindungen zwischen zwei Schneekristallen (z. B. beim Pfeil). Sobald die Bindung gebrochen ist, kann dort keine Kraft mehr übertragen werden. Die zuvor dort einwirkende Kraft muss jetzt von der Umgebung aufgenommen werden. Damit werden die benachbarten Bindungen höher belastet, und es besteht die Gefahr, dass jetzt auch diese brechen usw. Auf diese Weise kann eine Kettenreaktion entstehen, bei der die Schwachschicht regelrecht in sich zusammenstürzt. Manchmal können wir sogar erkennen, dass die Schneedecke nach dem Bruch leicht abgesackt ist.

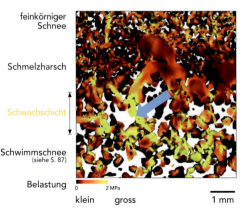

Schneekörner in einem 7 x 7 mm kleinen Ausschnitt einer Schwachschicht. Die Farbe zeigt die Belastung: schwarz = nicht belastet, gelb = sehr hoch belastet [Schneebeli, 2004].

Initialbruch

Auch wenn ein Schneebrett als Tafel abgleitet, geht die Auslösung doch von einem Punkt aus. An diesem Punkt übersteigt die Belastung (etwa durch einen darüber fahrenden Skifahrer) die Festigkeit der Schwachschicht, so dass diese lokal bricht. Dieser «Initialbruch» folgt einer Schwachschicht innerhalb der Schneedecke.

Ausbreitung des Bruchs

Beim Initialbruch werden die Bindungen zwischen den Schneekristallen in einem kleineren Bereich der Schwachschicht zerstört. Die gebrochene Schicht kann an diesem Ort nur noch geringe Kräfte aufnehmen. Die auf diesen Ort einwirkende Belastung (Gewichtskraft des darüber liegenden Schnees und

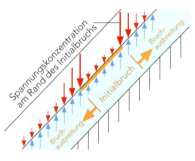

evtl. Zusatzbelastung wie z. B. der Skifahrer) wird auf die Umgebung übertragen und führt an den Rändern des Initialbruchs zu Spannungskonzentrationen. Jetzt unterscheiden wir drei Fälle:

a) Die Schwachschicht nimmt diese Belastungsspitzen auf, oder die Schwachschicht ist knapp daneben nicht mehr vorhanden (z. B. bei einem gestörten Schneedeckenaufbau auf einer stark frequentierten Variantenabfahrt). Es geschieht weiter nichts und wir bemerken den erfolgten Initialbruch nicht.

b) Die Schwachschicht hält den Belastungsspitzen nicht stand, und der Bruch breitet sich rasch entlang der Schwachschicht aus (oft mit 20–50 m/s). Das Gelände ist für ein Abgleiten der Schneetafel zu flach, und wir bemerken ausser einem eventuellen «Wumm» nichts.

c) Der Bruch breitet sich ebenfalls aus, und das Gelände ist steil genug, damit die Schneetafel als Schneebrett abgleitet.
Bevor das Schneebrett abgleitet, wird die Schneetafel nach oben, unten und auf den Seiten vom verbleibenden Rest abgerissen. Diese sekundären Brüche entstehen relativ leicht und vermögen ein Schneebrett in aller Regel nicht zu verhindern (ausser evtl. an sehr kleinen Hängen oder Böschungen).

Wie gezeigt, handelt es sich sowohl beim Initialbruch als auch bei seiner Ausbreitung um Strukturbrüche, bei denen die Kornverbindungen in der Schwachschicht brechen. Dabei stürzt die Schwachschicht wie ein Kartenhaus in sich zusammen, 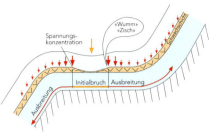 und die darüber liegende Schneetafel senkt sich ganz leicht ab. Das Absenken der Schneetafel kann Energie für die Fortpflanzung des Bruchs liefern. Ist diese Energie genügend gross, so kann sich der Bruch unabhängig von der Steilheit des Geländes fortpflanzen, also auch im Flachen.

Wenn sich die Schneedecke senkt, entweicht Luft nach oben. Besonders bei einem schwachen Schneedeckenaufbau können wir das manchmal als Wumm- oder Zischgeräusch hören. Bei Neuschneesituationen sind Wummgeräusche seltener, weil sich die Schneedecke beim Bruch innerhalb des Neuschnees meist nur wenig absenkt.

⇨ Der Initialbruch kann sich so weit fortpflanzen, dass wir einen Hang auslösen, in dem wir gar nicht stehen («Fernauslösung»).

Wumm- und Zischgeräusche sowie Risse in der Schneedecke sind untrügliche Zeichen, dass sich ein Initialbruch gebildet und danach auch ausgebreitet hat.

Lawinen bildende Faktoren

Verhältnisse

Auf einer Tour können die Verhältnisse ändern. Z.B. mit der Zeit (Schneefall, tageszeitliche Erwärmung) oder mit zunehmender Höhe (kälter, mehr Wind oder Neuschnee).

Wind

Wind kann während des Schneefalls oder bei lockerer Oberfläche Schnee verfrachten und so spröden und gefährlichen Triebschnee bilden. Dieser ist brettartig gebunden und kann hart oder weich sein. Der Wind gilt als «Baumeister der Lawinen». Je stärker der Wind bläst, desto grösser und weiter verbreitet sind die Schneeverfrachtungen.

Geschwindigkeit	Windstärke	Anzeichen	Schneeverfrachtung
Bis 20 km/h	schwach	Taschentuch bewegt sich	keine
20–45 km/h	mässig	Taschentuch im Wind gestreckt	Beginn
45–70 km/h	stark	Wind an festen Gegenständen hörbar (pfeifen), Wald rauscht, Schneefahnen an Graten	umfangreich
Über 70 km/h	stürmisch	Gehen stark erschwert	umfangreich, oft in allen Hanglagen, auch kammfern

Triebschneeablagerungen

Der Wind zertrümmert die Schneekristalle in kleine, scharfkantige Bruchstücke. Im Windschatten (Lee) bilden sich spröde Triebschneeablagerungen. Diese sind vorerst nur ungenügend mit dem Altschnee verbunden und anfällig auf Störungen. Triebschneeablagerungen haben in der Mitte eine grosse Schichtmächtigkeit und laufen zum Rand hin aus. In den dünnen Randzonen sind sie leichter auszulösen (siehe S. 74).

🗣 Wir meiden Triebschneeansammlungen während der ersten ca. 1–3 Tage nach Entstehung, bei Kälte sogar länger.

◌ Sehr mächtige, alte, gesetzte Triebschneeansammlungen gelten als stabil.

Windzeichen zeigen die Windrichtung

Bei stärkerem Wind kann die lokale Windrichtung stark von der im Wetterbericht angegebenen Richtung des Höhenwindes abweichen. Die während der Schneeverfrachtung vorherrschende, lokale Windrichtung bestimmen wir mit den Windzeichen.

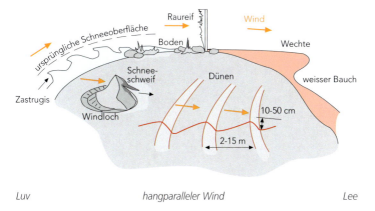

Luv   *hangparalleler Wind*   *Lee*

⇨ Grosse Wechten bleiben oft den ganzen Winter über bestehen und zeigen die Windrichtung grosser Niederschlagsperioden an. Nur frische Wechten zeigen die Windrichtung beim letzten Schneefall.

Neuschnee

Als Neuschnee gilt die in den letzten (ca. 3) Tagen gefallene Schneemenge. Wie stark die Lawinengefahr bei Neuschnee ansteigt, hängt von der Neuschneemenge und den folgenden Bedingungen während des Schneefalls ab.

ungünstig	günstig
• starker oder stürmischer Wind	• wenig Wind
• kälter als -5 bis -10° C, v.a. bei Schneefallbeginn	• warm, v.a. bei Schneefallbeginn
	• Hang viel befahren
• Schneefall auf eine ungünstige Unterlage (Oberflächenreif, Harsch oder Eis, Schwimmschnee, sehr alte Schneeoberfläche, schwache Altschneedecke)	• kleinräumig (dm bis m Bereich) stark unregelmässige Altschnee-Oberfläche

Kritische Neuschneemenge

Wird die kritische Neuschneemenge erreicht, so ist die Gefahr mindestens «erheblich»:
- 10–20 cm bei ungünstigen Bedingungen.
- 20–30 cm bei mittleren Bedingungen.
- 30–50 cm bei günstigen Bedingungen.

Die Neuschneemenge ist für die Meteorologen schwierig zu prognostizieren und regional oft unterschiedlich. 1 mm Regen entspricht etwa 1 cm Neuschnee.

⇨ Häufig gleitet der Neuschnee auf der Altschnee-Oberfläche ab. Diese Situation ist von erfahrenen Alpinisten meistens noch einigermassen gut zu erkennen. Dennoch liegt diese Situation bei jedem dritten Lawinenunfall vor.

⇨ Im Früh- und Hochwinter herrscht häufiger eine ungünstige, im Frühling eher eine günstige Lawinensituation.

💣 Der erste Schönwettertag nach einem Neuschneefall ist besonders unfallträchtig.

Alarmzeichen

Alarmzeichen weisen auf Schwachstellen in der Schneedecke hin und treten typischerweise ab erheblicher Gefahrenstufe auf. Wenn wir keine Alarmzeichen feststellen, bedeutet das leider nicht zwingend, dass die Lage günstig ist. Alarmzeichen müssen wir suchen, normalerweise hört das «Wumm» nur, wer selber spurt.

Alarmzeichen / **Gefahrenstufe**	Wumm- oder Zischgeräusche, Risse in Schneedecke	Fernauslösung	frische, spontane Schneebretter
mässig	vereinzelt, v.a. in Ebenen & Senken	*	*
erheblich	typisch	vereinzelt	vereinzelt
gross	häufig	typisch	typisch, auch grosse

* selten möglich

Temperatur

Die Temperatur bestimmt die Umwandlung der Schneekristalle (siehe S. 87) und beeinflusst die Lawinengefahr auch direkt:

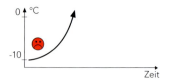

Eine markante Erwärmung wird vor allem durch Regen oder Sonneneinstrahlung verursacht und ist ungünstig:
- Sie reduziert die Festigkeit der Schneedecke.
- Der Schnee wird zuerst an der Oberfläche erwärmt und kriecht dort stärker als im noch kalten, unteren Teil der Schneedecke. Es entstehen zusätzliche Spannungen innerhalb der Schneedecke.

Andauernde Wärme. Bei andauernden Temperaturen über 0° bleibt der Schnee geschwächt und die Schneedecke wird langsam durchnässt.

Konstante Kälte unter ca. -5 bis -10° konserviert die Lawinengefahr. Kalter Schnee ist spröde und störanfälliger.

Mehrmaliges Erwärmen und Abkühlen verfestigt die Schneedecke, bei tiefen Temperaturen allerdings nur langsam.

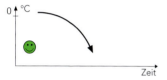

Eine markante Abkühlung ist günstig, besonders nach Temperaturen um 0°.

> Kalter Schnee (unter -5 bis -10°) ist spröde und knirscht beim Gehen. Die Setzung geht sehr langsam vor sich. Zwischen -6 und 0° ist Schnee besser verformbar. Die grösseren Kriechbewegungen können die Spannungen in den Schwachschichten vorübergehend erhöhen.

Schneedecke

Die Schneedecke besteht aus verschiedenen, übereinander liegenden Schichten, die sich durch Schneefallperioden und andere Witterungseinflüsse gebildet haben. Die Schichten unterscheiden sich in Härte, Kristallformen usw. und sind miteinander mehr oder weniger stark verbunden.

Die Schneedecke bewegt sich

Im Laufe der Zeit bewegt sich Schnee ganz langsam. Er fliesst wie ein Gletscher den Berg hinunter. Dabei brechen laufend einzelne Verbindungen zwischen den Schneekristallen, während gleichzeitig neue Bindungen entstehen.

Setzen — Die 6-eckigen Schneekristalle bauen sich zu kleinen, rundlichen Körnern ab. Die Verbindungen zwischen den Schneekörnern werden häufiger und stärker. Die Schneeschicht verfestigt sich, aber leider nicht immer die Verbindung zwischen den Schichten.

Kriechen — Im geneigten Gelände führt jede Setzung auch zu einem Kriechen des Schnees hangabwärts. Warme und wenig verfestigte Schichten kriechen mehr als kalte und gut verfestigte.

Gleiten — Stark kriechender Schnee kann auf glattem Untergrund wie abgelegtem Gras oder Felsplatten ins Gleiten kommen. Es bilden sich Gleitschneerisse (sog. «Fischmäuler»), die sich zu Gleitschneerutschen bzw. -lawinen entwickeln können.

Fischmaul. In durchnässtem Zustand kann der Hang spontan als Lawine abgleiten. Ist der Schnee bis auf den Boden gefroren, so gilt der Hang als sicher.

Umwandlung der Schneekristalle

Die Schneedecke besteht aus einzelnen Schneekristallen. Diese verändern sich im Laufe der Zeit und damit auch die Eigenschaften der Schneeschichten.

Bedingungen	*Umwandlung*
Wind (während oder nach Schneefall)	Schneekristalle zerbrechen in kleine Trümmer, frischer «Triebschnee» entsteht (siehe S. 80)
«Normale» Bedingungen nach Neuschneefall	Abbauende Umwandlung. Schneekristalle werden kleiner und runder. Die Schneedecke setzt und verfestigt sich in ein paar Tagen (je wärmer, desto schneller).
Durchfeuchtung der Schneedecke	Schmelzumwandlung. Die einzelnen Schneekristalle werden von einem Schmelzwasserfilm umgeben. Bei anschliessender Abkühlung frieren sie zusammen, es bildet sich Harsch.
Grosse Kälte und geringe Schneehöhe	Aufbauende Umwandlung. Wachsen von kantigen bis becherförmigen, schlecht miteinander verbundenen Kristallformen, sog. Schwimmschnee (kohäsionsloser Griess).
Bildung von Oberflächenreif Auskühlung der Schneeoberfläche	Bei klarem Himmel strahlt die Schneeoberfläche nachts sowie in Schattenlagen auch tagsüber Wärme ab und kühlt dabei aus. Bei genügend Feuchtigkeit in der Luft gefriert diese an der Schneeoberfläche zu Oberflächenreif.

Stabilität der Schneedecke

Allgemein gelten folgende Faustregeln:

«Viel Schnee ist besser als wenig Schnee.»
- Es bildet sich weniger Schwimmschnee.
- Mögliche Schwachschichten sind tiefer unten. Eine Auslösung wird unwahrscheinlicher, weil wir normalerweise Schneebretter nur bis in eine Tiefe von maximal einem Meter auslösen. Zum Bruch tiefer gelegener Schwachschichten ist unsere Zusatzbelastung meistens zu gering (siehe S. 74).

«Mächtige und ähnliche Schichten sind günstiger als dünne und unterschiedliche Schichten.»
- 80% der Unfalllawinen brechen in weichen, aus grossen, kantigen Körnern bestehenden Schneeschichten.
- Besonders kritisch ist es, wenn eine derartige Schwachschicht an eine harte Schicht grenzt, die aus kleinen Schneekörnern besteht.

«Die Schneeoberfläche von heute ist die mögliche Schwachschicht von morgen.»
- Ungünstig sind insbesondere Oberflächenreif, Schwimmschnee, Harschschichten und ganz allgemein sehr alte oder regelmässige Schneeoberflächen.
- Günstig ist eine kleinräumig stark unregelmässige Schneeoberfläche, wie sie oft an windausgesetzten Rücken und an ständig befahrenen Hängen vorhanden ist.

⇨ Besonders ungünstig ist eine leicht verfestigte, ca. 50 cm dicke Schicht über einer weichen oder aufbauend umgewandelten Schwachschicht.

Einfache Schneedeckentests

Vor allem bei einer Altschneesituation (siehe S. 104) können uns Schneedeckentests wertvolle Informationen über die Verhältnisse im Gebiet liefern. Diese sind besonders nützlich, wenn wir sonst wenig Anzeichen oder Informationen haben. Schneedeckentests ersetzen weder die Reduktionsmethode (siehe S. 106) noch das 3 x 3 Raster (siehe S. 102), sie können aber eine sinnvolle Ergänzung dazu sein. Beobachten und Hineinschauen in die Schneedecke muss nicht immer aufwändig sein. Schon einfache Tests geben einen ersten Eindruck über die Beschaffenheit der oberen Schichten der Schneedecke.

⇨ Um einigermassen interpretierbare Resultate zu erhalten, machen wir Schneedeckentests an ungünstigen, eher schneearmen und ungestörten Stellen.

Stocktest

Mit kräftigem Einstecken des Stocks können wir oft verschiedene Schichthärten und -mächtigkeiten erkennen, z.B. ein schwaches Schneedecken-Fundament. Bei härterem Schnee drehen wir dazu den Stock um und rammen den Griff ein.

Einsinktiefe (mit und ohne Skis)

Die Einsinktiefe sagt uns z.B., wie gut sich der Neuschnee bereits gesetzt hat. Sinken wir ohne Skis in eine weiche, kohäsionslose Altschneeschicht hinein, so ist dies ein Zeichen einer möglichen schwachen Schicht nahe an der Oberfläche.

Schneeprofil

Wir graben an einer eher schneearmen Stelle (am besten mit Sonde prüfen) ein ca. 1 m tiefes Loch. Mit Augen und Fingern können wir verschiedene Härten der Schichten sowie Unterschiede der Schneekörner erkennen. Schwache Zwischenschichten sowie deutliche Unterschiede in Korngrösse und Härte sind klare Hinweise auf mögliche Schwachstellen in der Schneedecke.

Nietentest

Untersuchungen an abgegangenen Schneebrettlawinen zeigten, dass die gebrochenen Schwachschichten oft charakteristische Eigenschaften hatten. Mit dem Nietentest können wir in einem Schneeprofil prüfen, ob Schichten vorhanden sind, die solch ungünstige Eigenschaften haben. Weil diese Eigenschaften räumlich nicht so stark variieren, lässt sich das Resultat recht gut auf die Umgebung übertragen.

Mit dem Nietentest beurteilen wir nur die Stabilität der Altschneedecke. Schwachstellen innerhalb des Neuschnees bleiben oft unerkannt.

Schneedeckeneigenschaft	*Kritischer Bereich (ca.)*
Tiefe der Schwachschicht	< 1 m
Korngrössenunterschied zwischen zwei benachbarten Schichten (Schwachschicht-Nachbarschicht)	1 mm oder mehr
Härteunterschied zwischen zwei benachbarten Schichten	2 Härtestufen oder mehr (z.B. «Faust» – «1 Finger»)
Korngrösse in der Schwachschicht	deutlich grösser als 1 mm
Härte der Schwachschicht	weich (weniger als 4 Finger)
Kornform der Schwachschicht	kantige Körner, Schwimmschnee oder Oberflächenreif

Für jedes Kriterium im ungünstigen Bereich geben wir eine «Niete». Auf der Suche nach der Stelle mit den meisten Nieten zählen wir die Anzahl Nieten an einer Schichtgrenze mit der Anzahl Nieten der daran angrenzenden Schwachschicht

zusammen. Die maximal erreichte Anzahl Nieten bedeutet etwa Fogendes:
bis 2 Nieten: günstig
3 oder 4 Nieten: mittel
5 oder 6 Nieten: schwach

«Handhärte» der Schneeschicht:

Faust	
4 Finger	Der betreffende Gegenstand kann ohne viel
1 Finger	Kraft horizontal in die betreffende Schicht
Bleistift	gestossen werden.
Messer	
Messer dringt nicht ein	

Säulentest (so genannter «Kompressionstest»)
Wir graben (oder besser: sägen) eine vertikale Schneesäule von 30 cm x 30 cm Querschnitt so frei, dass sie auf allen vier Seiten keine Verbindung mehr zur Schneedecke hat. Zum Testen der Festigkeiten der Schichten legen wir die Schaufel auf die Säule und schlagen je zehnmal aus dem Handgelenk, dem Ellbogen und zuletzt aus der Schulter darauf. Je früher die Säule bricht, desto schlechter war die Schichtverbindung am getesteten Ort. Erfolgt der Bruch in einer glatten Fläche oder indem die Schwachschicht plötzlich kollabiert, so ist das ein Indiz dafür, dass sich ein (Initial-)Bruch relativ leicht ausbreiten könnte.

Schlag aus	Handgelenk	Ellbogen	Schulter
Bruch bei Schlag Nr.	1_____10	11_____20	21_____30
Ungefähre Festigkeit an diesem Ort	schwach	mittel	gut

 Mit dem Säulentest finden wir auch eine dünne Schwachschicht, die wir sonst leicht übersehen.

Nur im steilen Gelände rutscht der Block auf der Schwachschicht ab. Im flacheren Gelände erkennen wir den Bruch lediglich als Riss.

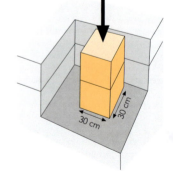

Bewertung der Schneedeckentests

Schneedeckentests können drei verschiedene Informationen liefern:
- Festigkeit der Schneedecke am Ort der Untersuchung. Sie entspricht der Festigkeit des Säulentests (oder der Stabilitätsklasse eines Rutschblocks, siehe *Munter, 2003*). Die Festigkeit variiert von Ort zu Ort recht stark, ist also nur mit Vorsicht auf die Umgebung übertragbar.
- Risiko der Bruchausbreitung. Für ein Schneebrett muss ein Initialbruch nicht nur entstehen, sondern sich auch ausbreiten. Dies geht besonders leicht bei einer glatten Bruchfläche. Erfolgt der Bruch beim Säulentest quer durch verschiedene Schichten, so ist eine Bruchausbreitung wenig wahrscheinlich.
- Sind Schichten vorhanden, welche die Eigenschaften typischer Schwachschichten haben? Diese Information liefert der Nietentest. Die Korneigenschaften variieren räumlich nicht so stark und lassen sich recht gut auf benachbarte Hänge gleicher Exposition übertragen.

Haben wir sowohl einen Nieten- als auch einen Säulentest gemacht, so kombinieren wir die verschiedenen Resultate. Neueste Untersuchungen zeigen in Richtung der folgenden, groben Faustregel:

Kriterium	*kritischer Bereich*
Belastung bis Bruch	Säulentest: weniger als 15
Bruchart Säulentest	• Bruch erfolgt plötzlich (bei einem Schlag durch ganze Säule) *und* • Bruchfläche ist glatt oder Schwachschicht kollabiert
Nieten	5 oder 6

- Liegt keines der drei Kriterien im kritischen Bereich, so ist die Schneedecke eher stabil.
- Liegt eines der drei Kriterien im kritischen Bereich, so ist die Schneedecke mittelmässig.
- Liegen mehrere Kriterien im kritischen Bereich, so ist die Schneedecke schwach.

Diese Faustregel nur anwenden, wenn alle drei Kriterien untersucht wurden. Fehlende Kriterien werden als «im kritischen Bereich» angenommen.

Schneedeckentests dürfen nicht als einziges Kriterium zur Beurteilung eines Einzelhangs herangezogen werden. Wenn also z. B. ein Säulentest am Rand eines bestimmten Hangs stabil ist, heisst das noch lange nicht, dass dieser Hang ungefährlich ist und wir ihn befahren dürfen.

Varianten und Modetouren
Ein ständig befahrener Hang hat einen günstigeren Schneedeckenaufbau als unberührtes Gelände, weil die kleinräumig stark unregelmässigen Schichtgrenzen die Ausbreitung eines allfälligen Initialbruchs erschweren. Ein Hang gilt als ständig befahren, wenn beide folgenden Kriterien erfüllt sind:
- Ganzer Hang wird regelmässig flächendeckend befahren, und zwar bereits während der ersten zwei Tage nach einem Neuschneefall.
- Kein unverspurtes Gelände oberhalb.

 Im Frühwinter oder beim Start der Skisaison sind Variantenabfahrten und Modetouren häufig noch nicht viel befahren.

 Bei stark aufgebautem Schnee (Schwimmschnee) oder nassem Schnee ist der positive Einfluss von vielen Spuren eher gering!

Geländе

Das Gelände ist der einzige lawinenbildende Faktor, der im Laufe der Zeit nicht ändert.

Hangneigung

Je steiler ein Hang, desto gefährlicher ist er. Eine Lawinenauslösung durch Schneesportler ist in Hängen möglich, deren steilste Stelle mindestens etwa 30° erreicht. Auch wenn wir die Hangneigung recht genau bestimmen können, müssen wir trotzdem in Bandbreiten denken:
- In jedem Hang finden wir steilere Bereiche, als wir auf der Landeskarte messen.
- Die Lawinengefahr macht keine Sprünge bei einer bestimmten Neigung.
- Hangform, Kammnähe usw. beeinflussen die Lawinengefahr oft stärker als ein paar Grad Neigung.

Um Übung im Schätzen der Hangneigung zu erhalten, messen wir die effektive Hangneigung (nur in ungefährlichem Gelände!) mit den Skistöcken:

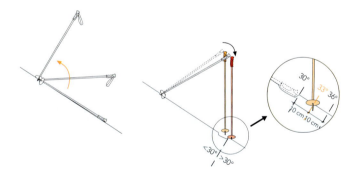

Weitere Anhaltspunkte:
- Sind im Skiaufstieg Spitzkehren notwendig, ist der Hang steiler als 30°.
- Felsdurchsetztes Steilgelände, unbewachsene Moränen und die Auslösepunkte von trockenen Lockerschneelawinen sind meistens über 40° steil.

Messen der Hangneigung auf der Landeskarte

Bei der Tourenplanung (siehe S. 118) benötigen wir die Hangneigung. Eine zuverlässige Messung ist nur auf der LK 1:25'000 und mit einem speziellen Neigungsmesser möglich. Eine Lupe erhöht die Genauigkeit.
- Neigungsmesser senkrecht zu Höhenkurven halten.
- Massstab von grösserer zu kleinerer Zahl verschieben, bis Skala und Höhenlinien deckungsgleich sind.
- Grössere Zahl ablesen.

Besonders bei S-Profilen kann der Hang deutlich steiler sein als die auf der Karte gemessene, durchschnittliche Hangneigung über 20 Höhenmeter.

Exposition

Schattenhänge (Expositionen W über N bis E) sind besonders gefährlich:
- Es fehlt die wärmende Sonneneinstrahlung, welche die Schneedecke durch häufige Temperaturschwankungen verfestigt. Der Schneedeckenaufbau ist schlechter und die Lawinengefahr geht nach einem Neuschneefall langsamer zurück.
- Bei nächtlicher Abstrahlung gebildeter Oberflächenreif bleibt tagsüber erhalten. Es werden vermehrt gefährliche Reifschichten und alte ungünstige Schneeoberflächen eingeschneit.
- In den besonders gefährlichen, schattseitigen Mulden lockt oft Pulverschnee.

Am meisten Lawinenopfer sind in den Expositionen NW-N-NE zu beklagen.

⇨ Am ersten schönen Tag nach einem Neuschneefall steigt mit der Sonneneinstrahlung die Gefahr auch in den Südhängen vorübergehend stark an.

Höhenlage

Mit zunehmender Höhe wird der Schnee kälter und der Wind stärker. Damit steigt meistens auch die Gefahr von trockenen Schneebrettlawinen. Da in grösserer Höhe im Winter die Temperaturen nur selten 0° erreichen, bleibt die Gefahr in höheren Lagen zudem länger erhalten.

Geländeform

Kammlagen und Hänge im Windschatten

40% aller Lawinenunfälle ereignen sich in kammnahen Hängen mit Triebschneeablagerungen (siehe S. 80). Diese entstehen im Windschatten (Lee) und ganz besonders:

① Hinter Pässen (hohe Windgeschwindigkeit durch Venturi-Effekt)
② Unterhalb von Ebenen oder Gefällsknicken (in flachem oder abfallendem Gelände transportiert der Wind mehr Schnee als bergauf)
③ Hinter Graten und Kämmen.
④ In grosser Höhe (stärkerer Wind, trockenerer Schnee)
⑤ Rinnen werden auch durch hangparallele Winde eingeweht

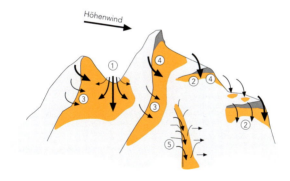

> Triebschneeansammlungen durch geschickte Routenwahl umgehen. Vorsicht, wenn diese überschneit sind oder schlechte Sicht herrscht.

> Die Lage der Triebschneeablagerung ist bei der Tourenplanung schwierig zu wissen → ungünstige Situation annehmen und Varianten planen.

Rücken und Mulden

Mulden bieten oft schönen Schnee für die Abfahrt, erfordern aber mehr Vorsicht als Rücken:
- Mulden weisen verschiedene Expositionen auf und sind besonders in den Randbereichen steil.
- Rinnen und Mulden werden auch durch hangparallele Winde eingeweht und der Triebschnee wird darin abgelagert.
- Die in Mulden meistens glatten Grenzen zwischen den Schneeschichten begünstigen die Ausbreitung eines Initialbruchs (siehe S. 78).

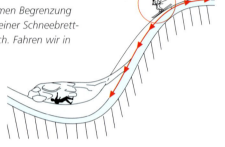

An der steilen, schneearmen Begrenzung der Mulde ist das Risiko einer Schneebrettauslösung besonders hoch. Fahren wir in der Mulde drohen oft grosse Verschüttungstiefen und zudem haben wir keine Fluchtmöglichkeiten.

Felsdurchsetztes Gelände

- Felsdurchsetztes Gelände ist meistens über 40° steil. 40% der Lawinenunfälle geschehen in Couloirs, felsdurchsetztem Steilgelände oder am Fuss von Felswänden.
- Einzelne Felsblöcke oder Bäume geben uns leicht das Gefühl von sicheren Inseln. Der Schneedeckenaufbau ist aber in der Nähe von solchen Objekten und von Felsen oft ungünstig (geringe Mächtigkeit der Schichten und vermehrt Schwimmschnee). Wir sollten solche Stellen eher meiden.

Wald

- Solange wir noch grössere Flecken des Himmels sehen, schützt der Wald nicht vor Lawinen. In bewaldeten Gebieten ist der Windeinfluss aber meistens geringer und die Verhältnisse damit tendenziell besser als über der Waldgrenze.
- Buschwerk wie Legföhren und Erlen verursacht einen ungünstigen Schneedeckenaufbau.

Mensch

90% der Schneesportler lösen «ihre» Lawine selbst aus. Der Mensch ist folglich ein wesentlicher, Lawinen bildender Faktor.

- Der Mensch belastet die Schneedecke zusätzlich. Mit Schonungsmassnahmen (siehe S. 114) reduzieren wir diese Zusatzbelastung und damit das Risiko einer Lawinenauslösung.
- Im Unterschied zu Katastrophenlawinen sind Schneesportler-Lawinen meistens klein. Sie richten ausschliesslich durch das Mitreissen oder Verschütten eines Menschen Schaden an. Es liegt an uns, wann und wo wir uns im Gelände aufhalten (siehe Abschnitt «Risiko abschätzen und minimieren», S. 106).

Nicht selten weisen erkennbare Anzeichen auf eine drohende Lawinengefahr hin. Viele Unfälle geschehen, weil wir diese Anzeichen nicht wahrnehmen oder falsche Schlüsse daraus ziehen. Unsere Wahrnehmungen und Entscheidungen werden in hohem Masse von psychischen und sozialen Faktoren beeinflusst (siehe Abschnitt «Entscheidungsfindung», S. 130).

Beurteilung der Lawinengefahr

Lawinenbulletin

[i] Das Lawinenbulletin erhalten wir unter www.slf.ch und Tel. 187. Weitere Bezugskanäle siehe S. 255.

Nationales Bulletin

Das SLF (Eidg. Institut für Schnee- und Lawinenforschung Davos) veröffentlicht täglich um 17 Uhr das nationale Lawinenbulletin. Es werden folgende Gebietseinteilungen verwendet:

Mit dem Lawinenbulletin erscheint auch eine Schweizerkarte mit eingezeichneten Gefahrengraden («Gefahrenkarte»).

Gliederung des nationalen Lawinenbulletins

Allgemeines	Infos der vergangenen Tage bezüglich Wetter, Schnee und Schneedeckenaufbau.
Kurzfristige Entwicklung	Wetterbericht für den Folgetag und basierend darauf die Lawinenprognose. Bei einem anderen Wetterverlauf stimmt auch die Lawinenprognose nicht.
Vorhersage der Lawinengefahr	Vorhersage der Gefahrenstufe für alle Regionen der Schweizer Alpen (Einteilung siehe S. 98). Angabe der typischen Gefahrenstellen bezüglich Höhe, Exposition und evtl. weiterer Kriterien wie Auslösewahrscheinlichkeit. Evtl. Verhaltenshinweise.
Tendenz	Wahrscheinlichste Entwicklung des Wetters und damit der Lawinengefahr in den darauf folgenden Tagen.

Regionale Lawinenbulletins

Die regionalen Lawinenbulletins erscheinen täglich um 8 Uhr und decken ebenfalls die gesamten Schweizer Alpen ab. Sie bestehen aus wenig Text und einer Karte mit eingezeichneter Gefahrenstufe und besonders gefährlichen Hanglagen.

> Alle angegebenen Grenzen von Regionen, Höhenstufen und Expositionen sind als Bandbreiten zu verstehen!

Gefahrenstufen

Die Gefahrenstufe gilt für eine ganze Region. Das besonders gefährliche Gelände, die so genannte «Kernzone», ist im Lawinenbulletin im Allgemeinen näher beschrieben, z.B. Hänge ab 1800 m ü. M. im Sektor Nord oder Kammlagen ab 2200 m in allen Expositionen.

Gefahrenstufe	Merkmale	Empfehlungen für Personen ausserhalb gesicherter Zonen
1 **gering** f: faible i: debole	Auslösung allgemein nur bei grosser Zusatzbelastung[a] an sehr wenigen, extremen Steilhängen[b] möglich. Spontan[c] sind nur kleine Lawinen (sogenannte Rutsche) möglich.	**Allgemein günstige Verhältnisse.** Extrem steile Hänge einzeln befahren. Frische Triebschneeansammlungen in den extremsten Hangpartien möglichst meiden. Absturzgefahr beachten. Vorsicht, evtl. ungünstigere Verhältnisse im Hochgebirge.
2 **mässig** limité moderato	Auslösung insbesondere bei grosser Zusatzbelastung[a], v.a. an den angegebenen Steilhängen[b] möglich. Grössere spntante[c] Lawinen sind nicht zu erwarten.	**Mehrheitlich günstige Verhältnisse.** Vorsichtige Routenwahl, vor allem an Steilhängen der angegebenen Exposition[d] und Höhenlage. Alle extrem steilen Hänge der im Bulletin angegebenen Exposition und Höhenlage sowie frische Triebschneeablagerungen meiden. Sehr steile Hänge vorsichtig und einzeln befahren.
3 **erheblich** marqué marcato	Auslösung ist bereits bei geringer Zusatzbelastung[a] vor allem an den angegebenen Steilhängen[b] möglich. Fallweise sind spontan[c] einige mittlere, vereinzelt auch grosse Lawinen möglich. Häufig Alarmzeichen vorhanden (Wumm, spontane Lawinen).	**Kritische Situation,** teilweise ungünstige Verhältnisse. Erfahrung in der Lawinenbeurteilung erforderlich; optimale Routenwahl ist nötig. Sehr steile Hänge der angegebenen Exposition[d] und Höhenlage meiden. Gefahr von Fernauslösungen beachten. Vorsicht bei Überschreitungen resp. Abfahrten in unbekanntem Gelände.
4 **gross** fort forte	Auslösung ist bereits bei geringer Zusatzbelastung[a] an zahlreichen Steilhängen[b] wahrscheinlich, in allen Expositionen. Fallweise sind spontan[c] viele mittlere, mehrfach auch grosse Lawinen zu erwarten.	**Akute Situation,** ungünstige Verhältnisse, u. U. auch Verbindungswege gefährdet. Viel Erfahrung in der Lawinenbeurteilung erforderlich. Beschränkung auf mässig steiles Gelände[b]; Lawinenauslaufbereiche beachten. Fernauslösungen auch über grosse Distanzen sind typisch.
5 **sehr gross** très fort molto forte	Spontan sind zahlreiche grosse Lawinen auch in mässig steilem Gelände[b] zu erwarten, Tallawinen.	**Katastrophensituation,** sehr ungünstige Verhältnisse: Ortsteile gefährdet, evtl. Evakuation. Verzicht auf Schneetouren empfohlen.

Erläuterungen

a Zusatzbelastung:
- gross (z.B. zwei oder mehr Schneesportler ohne Abstände, Sturz, Pistenfahrzeug)
- gering (z.B. einzelner Skifahrer/Snowboarder, sanft schwingend, ohne Sturz. Einzelner Schneeschuhläufer)

b Hangneigung:
- Mässig steiles Gelände: Hänge flacher als rund 30°
- Steilhang: Hang steiler als rund 30°
- Extremer Steilhang: Besonders ungünstig bezüglich Neigung, Geländeform, Kammnähe, Bodenrauhigkeit, meist steiler als rund 40°.

c spontan:
ohne menschliches Dazutun

d Exposition:
Himmelsrichtung, in die ein Hang abfällt.

Die Einteilung in die Gefahrenstufen gilt einheitlich in ganz Europa.

Häufigkeit der Gefahrenstufen[1]
Gefahrenstufe «gross» herrscht an wenigen Tagen pro Winter. In dieser Zeit schränken wir uns stark ein.

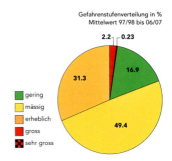

Kontrolle der Gefahrenstufe im Gelände

Das Lawinenbulletin ist eine Prognose mit einer Trefferwahrscheinlichkeit von ca. 80%. Wir überprüfen es unterwegs auf seine Plausibilität:
- Entspricht das Wetter den Angaben im Lawinenbulletin (unter «kurzfristige Entwicklung»)?
- Ist die kritische Neuschneemenge erreicht?
- Finden wir Alarmzeichen?

Eine Anpassung der Gefahrenstufe nach unten bleibt Personen mit fundierter Lawinenausbildung vorbehalten und muss klar begründet werden. Sind wir neu im Gebiet, machen wir uns auf einer «braveren» Eingehtour mit den aktuellen Verhältnissen vertraut.

---

[1] Häufigkeit Winter 97/98 bis 06/07, jeweils 1.12–30.4.

3 x 3 Raster

Das von W. Munter entwickelte 3 x 3 Raster dient der systematischen Sammlung und Auswertung von Informationen. Die drei Faktoren Verhältnisse, Gelände und Mensch beurteilen wir auf drei verschiedenen Stufen. Durch die von Stufe zu Stufe verfeinerte Betrachtung wirkt das 3 x 3 als Filter und bietet einen recht hohen Schutz vor Fehlern.

Stufe	Verhältnisse (siehe Abschnitt «Verhältnisse»)	Gelände (siehe Abschnitt «Gelände»)	Mensch (siehe Abschnitt «Mensch» & Kapitel «Planen & Entscheiden»)	
Zuhause oder am Vorabend in der Hütte: **Tourenvorbereitung** «Welche Tour ist möglich?» [i] Abschnitt «Tourenplanung»	• Lawinenbulletin • Wetterprognose • Tourenberichte im Internet (mit Vorsicht zu geniessen!) • Weitere Informationen, z.B. von Hüttenwarten	• Routenverlauf mit Varianten • Neigung, Exposition und Höhenlage der Schlüsselstellen • weitere Gefahren Unterlagen: • LK 1:25'000 • Skitourenkarten • Führerliteratur • Fotos • Gebietskenntnisse	• Wer kommt mit? • Wer trägt die Verantwortung? • Gruppengrösse • Technik und Kondition • Material	Fremdinformationen, Prognosen, Annahmen
Am Ausgangspunkt und vor jeder neuen Geländekammer: **Routenwahl und Varianten** «Ist etwas anders als erwartet?» [i] Abschnitt «Risiko abschätzen und minimieren»	• (kritische) Neuschneemenge? • Alarmzeichen? • Schneedecke • Triebschnee • Wetter: Temperatur, Wind, Sicht. Änderung absehbar?	• Stimmt meine Vorstellung? • Routenwahl • Entscheidungspunkte • Verlauf möglicher Varianten • vorhandene Spuren	• Wer ist in meiner Gruppe? • Ausrüstung und LVS kontrollieren • Wer ist sonst noch unterwegs? • Zeitplan? • Ermüden oder Überforderung der Teilnehmer?	Beobachten, Annahmen prüfen
Einzelhang, Schlüsselstelle: **Spuranlage** «Gehen; mit Vorsichtsmassnahmen; oder Verzicht?» [i] Abschnitte «Risiko abschätzen und minimieren» und «Entscheidungsfindung»	• (kritische) Neuschneemenge? • Schneebeschaffenheit • frischer Triebschnee • Wärme • Sicht • alte Spuren, ständig befahren?	• Steilheit, Exposition, Kammlage, Höhenlage, Form & Grösse des Hangs • felsdurchsetzt • mögl. Lawinengrösse / Was hängt zusammen? • Was ist über/unter mir? • sichere Inseln	• Gruppengrösse • Führung und Disziplin • technische Fähigkeiten • Verfassung (der Schwächsten) • Taktik (Abstände usw.) und wird diese eingehalten? • Bedenken?	Letzte Kontrolle und Entscheid

3 x 3 Raster zur strukturierten Informationssammlung und Beurteilung der Lawinengefahr. Auf jeder Stufe überlegen wir, ob Verhältnisse, Gelände und Mensch wirklich zusammen passen (siehe auch S. 118, «Tourenplanung»).

Typische Gefahrensituationen

Auf der Suche nach der Hauptgefahr stossen wir oft auf eine der folgenden Situationen:

Neuschneesituation

Während des Schneefalls und bis ca. 3 Tage nach seinem Ende ist der frisch gefallene Neuschnee erst ungenügend mit dem Altschnee verbunden.

Typische Gefahrenstufe:	erheblich
Kritische Schicht	Verbindung zwischen Alt- und Neuschnee
Erkennbar an	• (kritischer) Neuschneemenge (siehe S. 82)
	• oft Alarmzeichen (siehe S. 83)
Besonders wichtig:	• effektive Neuschneemenge und Wind mit Prognosen des Lawinenbulletins vergleichen
	• Altschnee-Oberfläche

Triebschneesituation

Der Wind hat in den letzten ca. 3 Tagen frische Triebschneeansammlungen gebildet.

Typische Gefahrenstufe:	erheblich oder mässig
Kritische Schicht	Verbindung zwischen Alt- und Triebschnee
Erkennbar an	• Windzeichen (siehe S. 81)
	• oft Alarmzeichen (siehe S. 83)
Besonders wichtig:	• Erfahrung und gutes Beobachten
	• Triebschneeansammlungen durch geschickte Routenwahl umgehen.
	• Bei der Tourenplanung und unterwegs nehmen wir die Hänge als ungünstig an, ausser wenn wir uns draussen vom Gegenteil überzeugen können.
	• Mit Varianten planen (wenn kein Triebschnee im Hang liegt, dann ..., sonst ...)
	• Vorsicht bei schlechter Sicht!

⇨ Wird eine Triebschneesituation von Neuschnee überdeckt oder hat der Wind während der Schneeverfrachtungen gedreht, so ist die Gefahr sehr schwierig abzuschätzen.

Altschneesituation

Die letzten (nennenswerten) Schneefälle oder Schneeverfrachtungen liegen einige Tage zurück. In der Schneedecke sind Schwachschichten vorhanden.

Typische Gefahrenstufe:	mässig
Kritische Schicht	innerhalb der Altschneedecke, genaue Lage oft unklar
Erkennbar an	• Die Gefahr ist auch für Erfahrene schwierig erkennbar. • Schneeprofile und Schneedeckenuntersuchungen zeigen mögliche Schwachschichten. • ev. einzelne Wummgeräusche
Besonders wichtig:	• Reduktionsmethode einhalten (siehe S. 106) • extreme Hänge meiden • Schneedecke schonen (Abstände usw.)

Frühjahrssituation

Am Morgen ist die Schneedecke gefroren und praktisch sicher. Im Tagesverlauf weicht sie sich auf und es können spontane Lawinen abgehen.

Typische Gefahrenstufe:	Im Tagesverlauf ansteigend.
Kritische Schicht	Im Altschnee oder auf dem Boden.
Erkennbar an	Die Gefahr ist gut erkennbar: • Durchweichter, feuchter oberster Schicht bzw. Schneedecke. • spontanen Rutschen und Lawinen.
Besonders wichtig:	• Zeitplan • Vorsicht vor grossen Spontanlawinen, auch beim Hüttenaufstieg • Bei klarem Himmel gefriert der Schnee dank der nächtlichen Abstrahlung. Bei bedecktem Himmel kühlt die Schneedecke meistens nur ungenügend aus.

Während der ersten Wärmeperiode (typischerweise Nullgradgrenze erstmals über 3000 m) werden tiefer liegende schwache Schichten durch die erwärmungsbedingte Schwächung der darüber liegenden Schichten wieder «aktiviert», verfestigen sich jedoch danach rasch.

Umgang mit Unsicherheiten

Hoher Eingangswiderstand

Wir nehmen alle nicht bekannten Einflussgrössen als ungünstig an. Damit schützen wir uns vor bösen Überraschungen und motivieren uns, fehlende Informationen zu beschaffen. Viel Wissen und Erfahrung erlauben uns eine genauere Beurteilung der Situation und erhöhen unsere Aktionsfreiheit.

Bandbreiten

Alle Informationen zur aktuellen Lawinengefahr sind mit Ungenauigkeiten behaftet. Wir können diese trotzdem zu einem recht sicheren Gesamtbild zusammenfügen (siehe Abschnitt «Risiko abschätzen und minimieren»). Dazu müssen wir in Grössenordnungen denken:
- «Wir sind am Übergang vom Gebiet mit mässiger zu erheblicher Lawinengefahr» anstelle von: «Links vom Bach ist die Gefahr mässig, rechts erheblich.»
- «Das ist ein Schattenhang» anstelle von: «Der Hang ist nach NW orientiert.»
- «Der Hang ist um 35° steil» anstelle von: «Ich schätze ihn auf 34°.»

Auch die Gefahrenstufen sind Bandbreiten. Eine heute von «gross» auf «erheblich» reduzierte Gefahrenstufe mit Warnung «alle Expositionen ab 1600 m» ist ungünstiger als eine Woche später die Gefahrenstufe «erheblich» für «kammnahe Schattenhänge ab 2200 m».

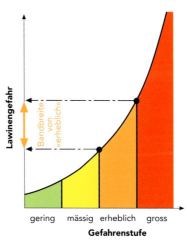

Eine grosse Bandbreite gilt als erheblich.

Risiko abschätzen und minimieren

«Gutes Urteilsvermögen kommt mit der Erfahrung, und Erfahrung kommt von schlechtem Urteilsvermögen.» [Barry Le Pater].

Zum Glück müssen wir nicht alle schlechten Erfahrungen selber machen, sondern wir können von anderen lernen, z.B. mit der Reduktionsmethode, die auf der Analyse vergangener Lawinenunfälle basiert *[Werner Munter, 2003]*. Ihre Anwendung kann uns vor überhöhten Risiken schützen.

[i] Nebst der hier vorgestellten, grafischen Reduktionsmethode existieren noch andere, sehr ähnliche Entscheidungsmodelle, die alle auf demselben Ansatz basieren: Professionelle Reduktionsmethode, Stop or Go, Snow Card.

Grafische Reduktionsmethode

Mit der Reduktionsmethode bestimmen und meiden wir besonders gefährliche Hänge. Dabei verzichten wir je nach Gefahrenstufe und evtl. Exposition auf Hänge ab einer bestimmten Neigung.
Die Reduktionsmethode bietet keine absolute Sicherheit, das könnte nur ein totaler Verzicht auf das winterliche Gebirge. Das Ziel ist vielmehr, bei möglichst wenig Verzicht eine relativ hohe Sicherheit zu erhalten.
Die Reduktionsmethode vernetzt bei der Tourenplanung die uns bekannten Faktoren von Verhältnissen, Gelände und Mensch optimal. Sie hat deshalb bei der Planung das grösste Gewicht. Sie entbindet uns nicht von der Pflicht, unterwegs die Verhältnisse laufend neu zu beurteilen[1] und unsere Pläne gegebenenfalls anzupassen. Die bestimmte Farbe ist ein wichtiges Kriterium in der Risikobeurteilung, aber nicht das einzige.

Grafische Reduktionsmethode

Skala gilt für ungünstige Hänge und solche, die wir nicht zuordnen können. Für günstig exponierte Hänge[4] können wir in der Regel die nächst tiefere Gefahrenstufe annehmen.

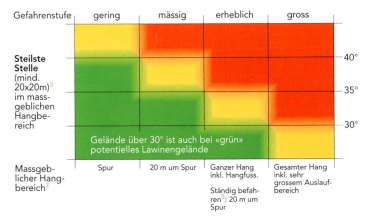

Hohes Risiko: Verzicht empfohlen
Es bedarf schon einer klaren Ausnahmebegründung, um trotzdem weiter zu gehen (z.B. die fragliche Schneeschicht wurde im betrachteten Hang vollkommen weggeweht).

Erhöhtes Risiko: Vorsicht und Erfahrung notwendig
- Risiko erhöhende und mindernde Faktoren berücksichtigen (siehe S. 110).
- Massnahmen zur Schonung der Schneedecke und evtl. Schadensbegrenzung.
- Unerfahrene sollten diesen Bereich meiden.

Geringes Risiko
- Relativ sicher, wenn keine speziellen Gefahrenzeichen auftreten (siehe Abschnitt «Verhältnisse»).
- Haben wir ein schlechtes Gefühl, so meiden wir den Hang trotzdem.

Erläuterungen

[1] *Überprüfen der Gefahrenstufe*
Siehe S. 101, «Kontrolle der Gefahrenstufe im Gelände».

[2] *Massgeblicher Hangbereich*
Der massgebliche Hangbereich ist abhängig von der Gefahrenstufe und steigt insbesondere von «mässig» zu «erheblich» sprunghaft an. Als Richtwerte gelten:

Gefahrenstufe	massgeblicher Hangbereich	auf Landeskarte
gering	Spur	direkt auf der Route messen
mässig	im Umkreis von 20 m	direkt auf der Route messen
erheblich	ganzer Hang inkl. Hangfuss (Gefahr von Fernauslösungen!). ständig befahren: 20 m um Spur	an der Hangstelle, wo die Höhenkurven am nächsten zusammen sind.
gross	gesamter Hang inkl. sehr grossem Auslaufbereich. (Genügend Abstand von allen über 30° steilen Hängen halten, Lawinen können weit ins flache Gelände vorstossen)	dort, wo die Höhenkurven am nächsten zusammen sind.

Hangbereich bei «mässig»   *Hangbereich bei «erheblich»*

³ Was gilt als steilste Stelle?

Bei der Lawinenbeurteilung ist eine Steilstelle ab etwa 20 x 20 m Fläche massgebend. Die Auflösung der Landeskarte ist zu gering, um alle diese Stellen zu erfassen, deshalb gilt:
- Hangneigung im Gelände überprüfen und Vorsicht bei S-förmigen Profilen (siehe S. 94).
- Genaues Arbeiten bei der Tourenplanung, damit wir wenigstens alle erkennbaren Hänge berücksichtigen.

[i] Messen der Neigung siehe S. 94.

⁴ Günstig / ungünstig exponierte Hänge

Die Reduktionsmethode setzen wir vor allem bei der Tourenplanung ein. Dazu bestimmen wir nebst der maximalen Neigung auch die Höhenlage und die Exposition des massgebenden Hangbereichs auf der Landeskarte.
- Liegt der Hang ausserhalb der Kernzone des Lawinenbulletins, so können wir ihn vorerst als günstig annehmen.

Unterwegs gelten zusätzlich als ungünstig:
- Hänge mit frischem Triebschnee.
- Hänge, die in den letzten Stunden viel Wärme erhalten haben.

⁵ Ständig befahren (Variante, Modetour)

Der günstigere Schneedeckenaufbau von ständig befahrenen Hängen (siehe S. 92) erlaubt meistens Folgendes:
- Bei «erheblich» wird nur der Bereich 20 m um die Spur berücksichtigt.
- Bei «mässig» dürfen mit entsprechenden Vorsichtsmassnahmen auch über 40° steile Hänge befahren werden.

> Bei allen Angaben handelt es sich um grobe Richtwerte. Knapp ausserhalb der Kernzone gehen wir besser nicht ans Limit.

Abwägen im «orangen» Bereich

Im «orangen» Bereich treffen wir Massnahmen zur Risikoverminderung (siehe nächsten Abschnitt) und beurteilen die Lage nach folgenden Kriterien:

ungünstig
(Mehrere Faktoren zusammen sind besonders ungünstig)

Verhältnisse	Gelände	Mensch
frischer Triebschnee	muldenförmiges Gelände	grosse Gruppe
viel Neuschnee, (kritische Neuschneemenge erreicht)	ungünstige Exposition und Höhenlage	kein erfahrener Leiter
viele und stark unterschiedliche Schneeschichten	Hang ist über mir (Gefahr tiefer Verschüttung)	unklare Führung
Hang hat in letzten Stunden viel Wärme erhalten	Kammlage	risikoreicher Gruppenstandard
Alarmzeichen: • «Wumm», Risse in Schneedecke	felsdurchsetzt	schockartige Belastung
• Fernauslösung	Absturzgefahr	schlechtes Gefühl
• frische, spontane Schneebretter		
schlechte Sicht		technische oder konditionelle Überforderung

Lawinen

günstig

Verhältnisse	Gelände	Mensch
wenige, mächtige und ähnliche Schneeschichten	Rücken	defensive Routenwahl
 häufig befahren	günstige Exposition	kleine, disziplinierte Gruppe
Schnee für potentielle Lawine ist vollständig weggeblasen	Hang ist unter mir	Schonung der Schneedecke

Routenwahl

Sichere Spuranlage

Eine sichere Spur ist oft auch eine bequeme Spur. Nebst einer gleichmässigen Steigung achten wir auf Folgendes:
- Über die flachsten Geländepartien (z.B. Rampen) aufsteigen.
- Rücken sind sicherer als Mulden, denn die oft rauen, kleinräumig stark variablen Schichtgrenzen erschweren die Auslösung eines Schneebretts.
- Lokale Schwachstellen wie die Nähe von einzelnen Felsblöcken oder Büschen meiden.
- Vorsicht am Übergang von schneearmen zu schneereichen Stellen, dort lösen wir ein Schneebrett besonders leicht aus.
- Absturzgefahr beachten.

Verschüttungsgefahr

Je tiefer wir verschüttet werden, desto geringer sind unsere Überlebenschancen. Besonders gefährlich sind deshalb:
- Mulden. Darin stauen sich die Lawinen.
- Wenn wir bei einer Lawinenauslösung unten im Hang stehen.

⇨ Steilhänge am Rand begehen und möglichst am oberen Rand queren, reduziert eine allfällige Verschüttungstiefe.

Was ist über mir?
- Ab Gefahrenstufe «erheblich» können wir Lawinen auch vom flachen Hangfuss her auslösen. Es drohen grosse Verschüttungstiefen (siehe oben).
- Auch im flachen Gelände kann uns eine weiter oben spontan abgegangene Lawine treffen. Besonders gross ist diese Gefahr bei aufgeweichter Schneedecke im Frühjahr, etwa bei einem zu späten Hüttenaufstieg.

Was ist unter mir?
- Felsblöcke oder Bäume in der Lawinenbahn erhöhen das Verletzungsrisiko.
- Über einem Abgrund besteht die Gefahr, von der Lawine mitgerissen zu werden und abzustürzen. Ein kleiner «Schneerutsch» genügt.

⇨ Absturz ist die häufigste Folge von Lawinenunfällen im Sommer.

Schlechte Sicht

Bei Nebel können wir lawinengefährliche Hänge kaum erkennen, keine optimale Spur legen und auch die frischen Triebschneeansammlungen nicht umgehen.

Die Kombination von schlechter Sicht mit erhöhter Lawinengefahr erfordert grosse Vorsicht, Zurückhaltung und evtl. Verzicht.

Anfänger: Bei Gefahrenstufe «erheblich» nur bei guter Sicht, und bei schlechter Sicht höchstens bei Gefahrenstufen «mässig» eine Tour unternehmen.

Standardmassnahmen

Unabhängig von Tourenziel und aktueller Lawinengefahr beachten wir Folgendes:
- Tour oder Abfahrt seriös planen (siehe Abschnitt «Tourenplanung»).
- Eine Drittperson über unser Vorhaben informieren.
- LVS immer auf Senden (Funktionskontrolle, siehe S. 143). LVS unter einem Kleidungsstück auf dem Körper tragen (oder evtl. in Hosentasche mit Reissverschluss). Sonst besteht die Gefahr, dass es in der Lawine abgerissen wird.
- Rettungsausrüstung mitführen: Schaufel, Sonde, Notfunk oder wenigstens Handy.
- Verhältnisse, Gelände, Mensch und Zeitplan laufend neu beurteilen.
- Gefahrenstufe fortlaufend überprüfen (Alarmzeichen suchen, kritische Neuschneemenge?).
- Frische Triebschneeansammlungen meiden.
- Tageszeitliche Temperaturschwankungen und Strahlung beachten.
- Schlüsselstellen und extreme Steilhänge einzeln befahren.

Vorsichtsmassnahmen

Zumindest im «orangen» Bereich (siehe S. 107) sind Vorsichtsmassnahmen zur Schonung der Schneedecke und fallweise auch zur Schadensbegrenzung angezeigt.

Vorsichtsmassnahmen nützen nur, wenn sie von allen Personen im Hang eingehalten werden.

Schonung der Schneedecke

Diese Massnahmen erschweren das Vorwärtskommen nicht wesentlich, verlangen aber eine rechtzeitige Anordnung, angepasste Gruppengrösse und Disziplin jedes einzelnen.
- Entlastungsabstände (10 m im Aufstieg, 50 m in der Abfahrt).
- Keine schlagartigen Belastungen (Stürze, aggressives Kurzschwingen o.ä.).
- Steilste Hangpartien und felsdurchsetztes Steilgelände meiden.
- Abfahrtskorridor festlegen (siehe S. 145).
- Anhalten auf «sicheren Inseln».

Sicherheitsabstände – einzeln fahren

Wer eine eigene Spur durch den noch unbefahrenen Teil eines Hanges zieht, testet, ob sich dort ein «schwacher Hangbereich» (bzw. ein Hot Spot) befindet. Befahren alle Gruppenmitglieder gemeinsam einen «frischen» Hang, ist das Risiko besonders gross. Wenn jemand einen «schwachen Hangbereich» oder einen Hot Spot trifft, wird die ganze Gruppe verschüttet. Wir reduzieren das Risiko, indem wir extreme Steilhänge einzeln befahren. Diese im Freeriden übliche Massnahme ist auch auf Touren sinnvoll. Bei grossen Gruppen und schlechten Fahrern führen Sicherheitsabstände zu einem erheblichen Zeitverlust.

Bei objektiven Gefahren (Traversieren einer Lawinenrunse, Eisschlag usw.) vereinfachen grosse Abstände eine allfällige Flucht oder Rettung. Das Risiko für jeden Einzelnen, sich «im falschen Moment am falschen Ort» zu befinden, ist mit oder ohne Abstände gleich gross.

Spurfahren

Das Spurfahren (siehe S. 146) ist eine weitere Sicherheitsmassnahme. Wir stellen damit sicher, dass alle Teilnehmer auf der optimalen Spur bleiben, keine aggressiven Schwünge machen und möglichst nicht stürzen. Auch «testen» wir nur eine Linie auf Hot Spots, jedoch bis tiefer in die Schneedecke hinein.

Mehrere Gruppen im Gebiet

Unsere Vorsichtsmassnahme kann durch ungeschicktes Verhalten einer anderen Gruppe zunichte gemacht werden. Wir müssen daher das Verhalten anderer Schneesportler beachten und uns mit ihnen absprechen.
Siehe «3 x 3 Raster; wer ist sonst noch unterwegs?».

Wer selber spurt, kann die Verhältnisse besser beurteilen. Es ist angezeigt, Vorsichtsmassnahmen der spurenden Gruppe zu übernehmen.

Anschaulich und sehr empfehlenswert ist «White Risk», die interaktive Lern-CD zur Lawinenunfall-Prävention von SLF und SUVA *[Harvey, 2006]*.
www.whiterisk.org

SAC – Bergsport Winter

Planen & Entscheiden

Tourenplanung	118
Entscheidungsfindung	130
Führen von Gruppen	138

Tourenplanung

Die Tourenplanung ist der Schlüssel zum erfolgreichen und sicheren Bergsteigen. Sie erspart uns viele gefährliche Situationen und Schindereien. Es lohnt sich, dafür genügend Zeit zu investieren.

Ziel der Tourenvorbereitung ist u.a. eines der folgenden Urteile zu erhalten:
- *Ja,* die Tour sollte (aus jetziger Sicht!) problemlos möglich sein.
- *Ja, aber nur mit Einschränkungen* (z.B. mit Abständen, nur angeseilt).
- *Nein,* diese Tour geht nicht. Wir müssen jetzt schon eine andere Tour suchen.
- *Noch kein Entscheid möglich* (weil wir z.B. noch nicht wissen, ob eine Rippe tatsächlich abgeblasen ist oder ob der Schnee in der Nacht gefriert). Den Entscheid dürfen wir nur dann aufschieben, wenn alle folgenden Fragen zufriedenstellend beantwortet werden können. Sonst müssen wir auf die Tour verzichten.
  - An welcher Stelle, oder bis wann, müssen wir uns entschieden haben?
  - Haben wir die nötigen Zusatzinformationen bis dahin zur Verfügung?
  - Welche Alternativen haben wir, wenn das Risiko zu gross ist?

Ablauf der Tourenplanung

Folgendes Vorgehen hat sich bewährt:

Grobplanung

In einer ersten Phase planen wir die Schritte 1 bis 3 (siehe unten). Findet die Grobplanung lange vor der Tour statt (etwa beim Erstellen eines Tourenprogramms), so können wir erst das Gelände abschliessend beurteilen. Wir halten aber jetzt schon fest, wie die Verhältnisse sein müssen und wer auf diese Tour mitkommen kann. In der Feinplanung kurz vor der Tour vergleichen wir diese Bedingungen mit den tatsächlichen Verhältnissen und Teilnehmern.

Feinplanung

Kurz vor der Tour gehen wir die Schritte 1 bis 5 detailliert durch und berücksichtigen dabei die momentanen Verhältnisse und tatsächlichen Teilnehmer.

Rollende Planung

Mit dem Tourenstart geht die Feinplanung in die rollende Planung unterwegs über.

Tourenauswertung

Ein Vergleich der durchgeführten Tour mit unserer Planung hilft, Erfahrungen zu sammeln.

Die einzelnen Schritte der Tourenplanung

1) Informationen sammeln

Gelände

Wir machen uns mit der Tour vertraut und sammeln die erforderlichen Informationen. Wir zeichnen den Routenverlauf auf der Landeskarte 1:25'000 ein, bestimmen grob die kritischen Stellen und schätzen den Zeitbedarf.

Verhältnisse

Wir informieren uns über die aktuellen Wetter- und Schneeverhältnisse und halten sie auf dem Planungsformular fest.

Mensch

Sind alle Teilnehmer den technischen und konditionellen Fähigkeiten der Tour gewachsen und im Besitz der nötigen Ausrüstung?

Vergleich

Passen in einem ersten Vergleich Gelände, Verhältnisse und Mensch zusammen, planen wir weiter. Sonst suchen wir schon jetzt ein geeigneteres Ziel.

Vergleich von Gelände, Verhältnissen und Mensch siehe auch 3 x 3 Raster S. 102.

2) Schlüsselstellen

Wir suchen die ganze Tour systematisch nach Schlüsselstellen ab und überlegen uns für jede dieser Stellen, ob und wie wir sie bewältigen können, und welches Material wir dazu benötigen. Vielleicht stellen wir fest, dass eine Passage nur unter bestimmten Bedingungen begehbar ist, z.B. wenn ein steiler Rücken abgeblasen oder die Sicht auf einem spaltenreichen Gletscher gut ist. Solche Bedingungen müssen wir festhalten und vor der jeweiligen Passage kontrollieren.

Schlüsselstellen einer Tour können technische Schwierigkeiten oder auch Gefahren sein, z.B.:

- Lawinengefahr: Hier interessiert uns nicht nur die steilste Stelle der Tour, sondern auch die steilste Passage, die sich in der Kernzone des Lawinenbulletins befindet (ungünstige Lage bezüglich Höhe und Exposition). Wir bestimmen die Exposition, messen die Steilheit und wenden die Reduktionsmethode an (siehe S. 106, Kapitel «Lawinen»).
- Absturzgefahr, in steilem Gelände und besonders bei hartem Schnee.
- Gletscherspalten, besonders bei schlechter Sicht, Neuschnee oder durchweichter Schneedecke.
- Orientierung, z.B. coupiertes Gelände oder ein spaltenreicher Gletscher bei Nebel.
- Technische Schwierigkeit, z.B. Kletterei vom Skidepot auf den Gipfel.

3) Varianten und Entscheidungspunkte

Was machen wir, wenn die Verhältnisse schlechter sind als angenommen, wenn eine Bedingung zum Begehen einer Schlüsselstelle nicht erfüllt oder ein Teilnehmer überfordert ist? Damit wir in solchen Fällen nicht mangels Alternativen an unserem ursprünglichen Plan festhalten, planen wir verschiedene Varianten. Das kann z.B. ein kleinerer Gipfel auf halbem Weg sein oder ein einfacheres Tourenziel im gleichen Gebiet.

Vor Schlüsselstellen, bei Verzweigungen zu Varianten und an möglichen Umkehrpunkten (z.B. auf dem Gipfel, wenn wir statt einer Überschreitung noch auf dem gleichen Weg zurück können) müssen wir uns für die eine oder andere Möglichkeit entscheiden. Wichtig ist, dass wir diese Entscheide bewusst fällen. Dazu hilft es, die Entscheidungspunkte bei der Planung festzulegen und auf der Karte einzuzeichnen. Idealerweise werden Entscheidungspunkte so gesetzt, dass die folgende Schlüsselstelle eingesehen werden kann und mit einer Pause kombiniert. Ohne Stress entscheiden wir besser (siehe S. 135, Abschnitt «Entscheidungen treffen»).

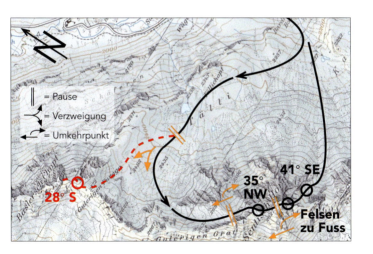

4) Touren- und Zeitplan

Wann starten wir, wann müssen wir spätestens zurück sein und wie viel Zeit benötigen wir für die Tour? Wir wenden die untenstehenden Faustformeln an und tragen die berechneten Zeiten ins Planungsformular ein.

Zeitberechnung

Aufstieg

Pro km Distanz und pro 100 Höhenmeter benötigen wir je ca. ¼ Stunde. Damit gilt:

$$\text{Zeit (h)} = \frac{\text{Höhendifferenz (m)}}{400} + \frac{\text{Horizontaldistanz (km)}}{4}$$

Abfahrt
Ski, Board: ca. ⅓ der Zeit für Aufstieg, stark abhängig von Fahrkönnen, Gruppengrösse, Schnee und Gelände.

Abstieg mit Schneeschuhen
Pro km Distanz und pro 200 Höhenmeter je ca. ¼ Stunde.

Technische Schwierigkeiten, Pausen, Reserve
Zusätzlich müssen wir noch die Zeit für technische Schwierigkeiten, Pausen und Unvorhergesehenes einberechnen. Bei grossen Gruppen, Anfängern oder schlechter Organisation von Essen, Trinken, Kleiderwechsel, Anseilen, Steigeisen anziehen usw. werden die Unterbrechungen zu Zeitfressern. Normalerweise rechnen wir pro Pause 15 bis 20 Minuten.

Beispiel:

Skitour, 1300 Höhenmeter Aufstieg und 5 km Distanz, keine technischen Schwierigkeiten.

Aufstiegszeit = $\frac{1300 \text{ Höhenmeter}}{400} + \frac{5 \text{ km}}{4}$ = 4 ½ h

Zeit für Abfahrt = ⅓ der Aufstiegszeit = 1 ½ h
Pausen: 2 x ¼ h im Aufstieg, ½ h auf dem Gipfel 1 h
Total: 7 h

Teilnehmer

Wer kommt mit und wie ist die Gruppe organisiert? Sind die schwächsten Teilnehmer und der Leiter den Anforderungen der Tour gewachsen? Sind genügend fähige Seilschaftsführer vorhanden?
Wir bestimmen den Treffpunkt und informieren alle Teilnehmer.

Material

Was benötigt jeder Einzelne und was führen wir als Gruppenmaterial mit? Die Checklisten im Anhang helfen, nichts zu vergessen.

5) Kontrolle

Wir gehen die gesamte Tour nochmals durch. Wir kontrollieren, ob wir das nötige Material eingeplant haben und überlegen, was alles schief gehen könnte und was wir dagegen unternehmen müssen.
Wenn wir z.B. im Hüttenaufstieg den letzten Hang vor der Hütte nur begehen dürfen, wenn er abgeblasen ist, dann müssen wir auch so früh dort sein, dass wir problemlos wieder ins Tal zurückkönnen, wenn dem nicht so ist.
Am Schluss beantworten wir die sieben Fragen auf dem Planungsformular.

Zur praktischen Übung der Tourenplanung empfehlen wir den SLF-Tourenlehrpfad am Sentischhorn bei Davos. Siehe www.tourenlehrpfad.ch

Rollende Planung unterwegs

Bei der Planung haben wir Annahmen getroffen. Unterwegs überprüfen wir diese mit den angetroffenen Verhältnissen und wir ziehen die nötigen Konsequenzen. Sind die tatsächlichen Verhältnisse schlechter, so müssen wir auf eine angepasste, vorher geplante Variante zurückgreifen oder die Tour abbrechen. Die Entscheidungen fällen wir bewusst und gemäss Abschnitt «Entscheidungsfindung».

 Das Offenlegen der wichtigsten Gedanken hilft, dass die Entscheidungen von der Gruppe mitgetragen werden.

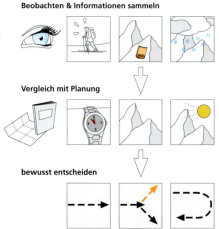

Auswertung nach der Tour

Die Tourenauswertung hilft, unsere Planung immer weiter zu perfektionieren. Ohne Tourenauswertung sammeln wir nur wenig Erfahrung.
Auch mit einer seriösen Tourenplanung stimmen unsere Vorstellungen nicht immer mit der am Berg angetroffenen Realität überein. Wir überlegen, ob etwas Unerwartetes oder Gefährliches eingetreten ist und vergleichen die effektive Tour mit unserer Planung. Was ist die wichtigste Erfahrung, was wollen wir uns merken?
Interessant ist auch eine Diskussion der unterwegs gefällten Entscheidungen. Weil nach der Tour oft andere Gruppenphänomene massgebend werden, sehen wir die Sache im Nachhinein manchmal völlig anders.

Tourenplanungsformular Winter

Tour
Datum
Leiter

Teilnehmer

	Name, Ort	Telefon (Mobile)
1		
2		
3		
4		
5		
6		

Anreise ☐ ÖV ☐ PW Treffpunkt:

Zeitplan Tour

Ort	Uhr-zeit	Höhe m ü.M	Höhen-meter +/-	Distanz (km)	Zeitbedarf (h)	Bemerkung
Start:						
Tal, Hütte:						

Infos aus Wetterbericht

Welche Region interessiert uns? ....
Ist die Prognose aktuell? ....

Wetterbericht

- Tel. 162 (5 Mal täglich aktualisiert, Fernprognose nur 11.45 Uhr)
- Alpenwetterbericht Tel. 0900 162 138 (täglich 16 Uhr, Fr. 1.20/Min.)
- www.meteoschweiz.ch

[i] Weitere Wetterberichte siehe S. 256.

Wetterlage ....

Sonne/Wolken

- ☐ sonnig
- ☐ teilweise sonnig/bewölkt
- ☐ stark bewölkt

Niederschlag

- ☐ wenig
- ☐ zeitweise
- ☐ ergiebig/intensiv

Windstärke

- ☐ schwach
- ☐ mässig
- ☐ stark
- ☐ stürmisch

Wind aus Richtung:

Temperatur

auf 2000 m ü. M .... °C

Schneefallgrenze

.... m ü. M.

Veränderung des Wetters

| im Tagesverlauf: | ↗ ☐ | → ☐ | ↘ ☐ |
| auf Folgetag: | ↗ ☐ | → ☐ | ↘ ☐ |

Zusätzliche Infos

Von wem?
(Internet, Hüttenwart, Bergführer, Kollege, eigene Beobachtung)

☐ Es liegt *Neuschnee*. Wie viel? .... Von wann? ....
Es hat *gewindet*:
    ☐ beim letzten Neuschneefall. Wie stark? .... Aus Richtung? ....
    ☐ nach dem letzten Neuschneefall. Wie stark? .... Aus Richtung? ....
☐ Wo gibt es *heikle Passagen*? ....
☐ *Tour wurde gespurt*. Wann? .... Wer? ....

Besonders bei Frühlingsverhältnissen

Wann müssen wir spätestens auf der Hütte/im Tal sein? ....

Empfohlene Startzeit? ....

Infos aus Lawinenbulletin

In welcher Region sind wir? ....
(Siehe Karte auf S. 98)

www.slf.ch, Tel. 187: Nationales Bulletin ab 17 Uhr, regionale Bulletins ab 8 Uhr

ⓘ Weitere Bezugsmöglichkeiten und Ausland siehe S. 255.

Wetter der letzten Tage

Neuschneemenge: .... cm   Wind aus Richtung:

Schneeverfrachtungen:

☐ kaum
☐ umfangreich

Wetterprognose

Neuschneemenge: .... cm   Wind aus Richtung:

Schneeverfrachtungen:

☐ kaum
☐ umfangreich

Prognose Lawinengefahr für ....(Datum)

Gefahrenstufe

☐ gering
☐ mässig
☐ erheblich
☐ gross

Kritische Hänge

Höhe: ab .... m ü. M.

Exposition

Besondere Vorsicht verlangen:

☐ Steilhänge
☐ Kammlagen, Rinnen, Mulden
☐ Triebschneeansammlungen
☐ Nassschneelawinen bis .... m ü. M.

Lawinengefahr nimmt zu mit:

☐ Erwärmung
☐ Neuschneefall

Tendenz für den folgenden Tag:

↗ ☐   → ☐   ↘ ☐

Beurteilung der Schlüsselstellen

	Neigung °	Exposition	Höhe m ü. M	in Kernzone[1]	ständig befahren	Risikobeurteilung[2]	Bemerkungen (Was ist kritisch?)
1				☐ nein	☐ ja	🔴 ☺ ☺	
2				☐ nein	☐ ja	🔴 ☺ ☺	
3				☐ nein	☐ ja	🔴 ☺ ☺	
4				☐ nein	☐ ja	🔴 ☺ ☺	

Weitere Gefahren

(Absturz, Eisschlag, knappe Zeit usw.)

Planung

Die Tour ist gut vorbereitet, wenn wir diese sieben Punkte mit «ja» beantworten können:

☐ Der Routenverlauf ist klar. Ich habe ihn auf der Karte eingezeichnet und mir eingeprägt.
☐ Ich habe die Schlüsselstellen gesucht und eine gute Taktik für diese.
☐ Ich habe Alternativen, falls meine Vorstellung nicht der Realität entspricht.
☐ Mein Tourenplan ist realistisch (Zeitplan, persönliches Können, Ausrüstung usw.).
☐ Ich habe die ganze Tour auf Schwachstellen abgeklopft und ein gutes Gefühl.
☐ Die Leitung der Gruppe ist klar geregelt. Alle Gruppenmitglieder sind informiert und motiviert.
☐ Ich betrete keine Naturschutzgebiete.

Kopiervorlagen zum Planungsformular (A4) können unter www.sac-cas.ch heruntergeladen werden. Ausrüstungs-Checklisten siehe S. 253.

---

[1] Hänge mit Exposition und Höhenlage, vor denen im Lawinenbulletin gewarnt wird. (siehe S. 100).

[2] z.B. mit grafischer Reduktionsmethode (siehe S. 106).

Entscheidungsfindung

Experte: Bernhard Streicher, Dr. Psychologe,
Lehrstuhl für Sozialpsychologie Universität München.

Hier geht es nicht um die Frage «Wie befahren wir diesen Steilhang», sondern warum wir ihn befahren. Was können wir dabei gewinnen, was verlieren? Und wer hat eigentlich entschieden, dass wir ihn überhaupt befahren?

Menschliche Eigenschaften

Sinnestäuschungen

Unsere Wahrnehmung ist nicht objektiv, sondern wir lassen uns leicht täuschen. Einige Beispiele:
- Blauer Himmel und Sonnenschein vermitteln uns ein höheres Sicherheitsgefühl als Sturm und Nebel.
- Einem guten Snowboarder erscheint ein und derselbe Hang in der Abfahrt viel kürzer und flacher als zuvor im Aufstieg mit den Schneeschuhen.
- Im Gegenlicht erscheint uns ein Hang steiler, in der Sonne flacher als er wirklich ist.

Selektive Wahrnehmung

Wir können weder die ganze Umgebung wahrnehmen, noch alle erhaltenen Informationen verarbeiten. Vielmehr machen wir uns eine bestimmte Sicht der Wirklichkeit, die zwar nicht korrekt, aber fürs tägliche Leben ausreichend genau und verlässlich ist.
Von der Richtigkeit unserer Sicht sind wir überzeugt, und wir haben die Tendenz, daran festzuhalten. Unbewusst suchen wir diejenigen Informationen, die unsere Sicht bestätigen und verdrängen andere, die unserer Sicht widersprechen oder die wir nicht einordnen können. Besonders stark ist diese selektive Wahrnehmung bei festen Überzeugungen und nach gefällten Entscheiden. Nach einer Fehlentscheidung sind wir daher besonders gefährdet, warnende Hinweise auszublenden und stur an unserem (falschen) Plan festzuhalten.
Unerfahrene sind oft gar nicht in der Lage, kritische Situationen zu erkennen. Erfahrene, gut ausgebildete Personen können sich bereits mit lückenhaften

Informationen ein oft zutreffendes Bild machen. Diesem rasch gefällten Urteil vertrauen sie danach aber zu stark und es bedarf sehr vieler widersprüchlicher Informationen, bis sie wieder davon abweichen.

Entscheiden als Einzelperson

Nachdem schon die Wahrnehmung als Grundlage für unsere Entscheide selektiv ausgefallen ist, können wir auch nicht alle wahrgenommenen Informationen auswerten.

Wir sind nicht nur rationale Wesen. Unsere Entscheidungen werden immer auch von unseren Gefühlen und Wünschen beeinflusst. Und das Befahren eines Pulverschneehanges entspricht nun mal besser unseren Wünschen als der mühsame Fussabstieg über die daneben gelegene abgeblasene Rippe.

Das Wichtigste ist, dass wir die Entscheide bewusst fällen. Wenn wir vergegenwärtigen, dass wir auf der Tour noch zu entscheiden haben, öffnen wir unsere Sinne weiter und sammeln mehr Informationen, als wenn wir keine Alternative ausser Umdrehen haben (und uns noch nicht einmal damit auseinandergesetzt haben).

⇨ In der Tourenplanung festgelegte Entscheidungspunkte und Kriterien helfen, Entscheidungen bewusst zu fällen.

Entscheidungsfreiheit

Voraussetzung zum Entscheiden ist der Besitz der vollen Entscheidungsfreiheit. Besonders bei Überschreitungen und beim Freeriden haben wir uns rasch in eine Sackgasse manövriert, doch auch durch vorschnelle Versprechungen oder strukturelle Bedingungen können wir unsere Entscheidungsfreiheit verlieren:

- Eine Freeridergruppe ist fernab der Piste 1000 Höhenmeter abgefahren und steht unverhofft vor einem kritischen Hang.
- Einem Leiter wird eine Belohnung versprochen, wenn er alle auf den Gipfel bringt.
- Um die Teilnehmer zu motivieren, hat ihnen der Tourenleiter eine tolle Pulverschneeabfahrt über den steilen Nordhang versprochen – aber jetzt ist der Hang mit frischem Triebschnee eingeweht.

Escalation of Commitment

Je mehr Energie wir in ein Vorhaben investiert haben, desto eher sind wir versucht, weiter zu machen, auch wenn es längst keinen Sinn mehr macht. Wir gehen nochmals einen Schritt weiter in der Hoffnung, dass doch noch alles gut wird und sich damit auch alle bisherigen Aufwendungen gelohnt haben. Besonders schwierig ist deshalb die Umkehr kurz unter dem Gipfel eines grossen Berges.

Die Erfahrung kann täuschen

Glücklicherweise hat beim Bergsteigen nur ein geringer Teil der Fehlentscheidungen fatale Folgen. Dieser Mangel an negativen Konsequenzen vermittelt leicht ein trügerisches Sicherheitsgefühl, denn wir reduzieren nur dasjenige Risiko, das wir auch tatsächlich wahrgenommen haben. Wir laufen Gefahr zu lernen, dass sich sorgloses Verhalten beim Bergsteigen bewährt und handeln nach dem Motto: «Es ist nichts passiert, also war es nicht gefährlich». Besonders beim Freeriden und in uns gut vertrauten Gebieten unterliegen wir dem weissen Rausch, und fahren jedes Mal ein bisschen frecher und steiler.

Gruppenphänomene

In einer Gruppe werden die Entscheidungsfindung und die Situationseinschätzung stark durch zwischenmenschliche Mechanismen beeinflusst. Innerhalb einer Gruppe bilden sich Hierarchien und Verhaltensmuster. Diese Gruppenstandards sind, unabhängig von ihrer Richtigkeit, resistent gegen Änderungen jeglicher Art. Jedes Handeln gegen diese Standards führt zu Widerstand innerhalb der Gruppe. Je nach Gruppe können diese Standards übervorsichtig oder auch sehr risikoreich sein.

Die Reduktionsmethode (siehe S. 106) kann Aufschluss geben über die Risikobereitschaft unserer Gruppe. Wenden wir sie im Nachhinein auf unsere Touren an, stellen wir vielleicht fest, dass sich unsere Gruppe bisher nur im grünen Bereich bewegt hat oder aber mehrheitlich im tiefroten.

Unabhängig von ihrer fachlichen Kompetenz haben dominante Personen einen erheblichen Einfluss auf die Gestaltung von Gruppenstandards. Dagegen werden Informationen von zurückhaltenden Mitgliedern oder solchen mit niedrigem Sozialstatus (z.B. Aussenseiter, ewiger Nörgler) nur selten berücksichtigt.

Problematik demokratischer Gruppenentscheide

Mehr Augen sehen mehr, viele Leute haben mehr Erfahrung. Trotzdem fallen von einer Gruppe nach gemeinsamer Diskussion getroffene Entscheide oftmals extrem aus: übervorsichtig oder sehr riskant. Das Ergebnis eines Gruppenentscheids ist nämlich weniger von den Positionen der einzelnen Personen, als von den etablierten Gruppenstandards abhängig.
Zudem sollte nicht die Mehrheit, sondern die besseren Argumente zählen.

Trügerisches Sicherheitsgefühl

Gruppen vermitteln uns das Gefühl von Schutz und Geborgenheit. Der Druck der Verantwortung verteilt sich auf mehrere Schultern, womit die eigene Verantwortung kleiner wird. Weil sich jeder einzelne weniger exponiert fühlt, gehen wir in einer Gruppe leicht ein höheres Risiko ein. Dieser «Risky Shift» wird vor allem bei Gruppen ab ca. 4 Personen beobachtet.

Gruppendruck

Gruppen setzen sich selbst unter erheblichen Erwartungs- und Entscheidungsdruck. Besonders ausgeprägt ist dies bei Gruppen, die
- stark auf Harmonie bedacht sind («wir wollen alle...»);
- starre Regeln haben («wir machen unsere Touren bei allen Verhältnissen...»);
- sich stark über Vergleiche definieren («wir sind besser, schneller als die anderen...»).

Gruppendruck verändert die Wahrnehmung und das Verhalten. Auch der Leiter ist Teil der Gruppe und es wäre eine Illusion zu glauben, er könnte sich diesem Druck willentlich entziehen («Ich entscheide frei, ich lasse mich nicht unter Druck setzen...»). Erfolgsversprechender ist es, sich schon bei der Gruppenbildung für sichere Gruppenstandards einzusetzen.

Angenehme Gruppensituationen

Von sich aus trifft eine Gruppe keine Entscheide, die ihre eigene, soziale Existenz gefährden. Ausser im Konfliktfall ist eine Gruppe stets bemüht, interne Spannungen zu vermeiden und ein angenehmes Gruppenklima zu bewahren – auch auf Kosten der Sicherheit.

Unklare Verantwortungsverteilung

Unabhängig davon, ob es einen formalen Leiter gibt oder nicht, interessiert die Frage, wie Entscheidungen getroffen werden und von wem. Gefährlich sind vor allem unklare, nicht offen ausgesprochene Entscheidungen, weil sie eine unklare Verantwortungsverteilung begünstigen, die ihrerseits gerne zu weiteren unklaren Entscheidungen beiträgt. Besonders gefährdet für unklare Verantwortungsaufteilungen sind auch Gruppen mit mehreren Tourenleitern, die sich untereinander nicht über ihre Aufgabe abgesprochen haben.

Typische Verantwortungsdiffusion: Es ist unklar, wer die Verantwortung trägt und wer die Entscheidungen fällt.

Direktive Führung

Der Leiter entscheidet alleine und kontrolliert die Umsetzung seiner Anordnungen. Bei grossen Niveauunterschieden (Leiter mit Anfängern) ist nur dieser Führungsstil möglich. Problematisch wird dieser Stil erst dann, wenn sich der Leiter den Gegenargumenten und Bedenken der Teilnehmer verschliesst. Er vergisst dabei, dass viele Augen mehr sehen als zwei, und dass auch er der selektiven Wahrnehmung und dem Gruppendruck unterliegt.

› Ein Anzeichen für mangelndes Eingehen auf die Teilnehmer ist, wenn der Leiter seine Entscheide nicht begründet oder nicht kommuniziert. Dabei verkennt er, dass ein Offenlegen der Gründe mithilft, dass die gefällten Entscheide von der Gruppe mitgetragen werden.

Entscheidungen treffen

Die vorangehenden Abschnitte erläutern, wie Entscheide gefällt werden. Nachfolgend wird aufgezeigt, wie wir vorgehen können, um unsere Entscheide möglichst gut zu fällen. Grundbedingungen dazu sind:
- Die volle Entscheidungsfreiheit besitzen.
- Überlegt entscheiden und sich die dazu nötige Zeit und Ruhe nehmen. Unter körperlichem oder psychischem Stress entscheiden wir schlechter. Es gibt zum Glück nur ganz wenige Situationen, die keine Sekunde Aufschub vertragen. Meist ist es hervorragend investierte Zeit, wenn wir kurz inne halten, bevor wir eine Entscheidung fällen. Bei einer guten Tourenplanung werden Entscheidungspunkte möglichst mit Trinkpausen, Harscheisen montieren oder einer anderen Unterbrechung kombiniert.

Einstellungsveränderung?

Jeder von uns hat sein ganz persönliches Risikoverhalten. Die Einen sind von Natur aus ängstlich, die Anderen von Natur aus mutig. Warum ändern wir nicht einfach unsere Einstellung gegenüber risikoreichem Verhalten?
1. Es ist gar nicht so leicht, seine Einstellung zu ändern.
2. Eine veränderte Einstellung führt noch lange nicht zu einem anderen Verhalten. Meine Einstellung «Ich will gesund nach Hause zurückkommen» lässt sich am Berg nicht direkt umsetzen. Dort stellt sich erst mal die Frage: «Auf welcher Brücke fahre ich über die nächste Gletscherspalte?».

Zudem entscheiden wir häufig in einem Affekt, z.B. im Pulverschneerausch auf der Abfahrt oder im Stress, noch vor der anderen Gruppe am Grat zu sein.

Selbstreflexion

Auch wenn ein Verändern unserer Einstellung nicht funktioniert, so lohnt es sich doch, über sein Verhalten nachzudenken. Ziel solcher Überlegungen ist, denselben Fehler nicht beliebig oft zu wiederholen.
- In welchen Situationen neige ich dazu, besonders hohe Risiken einzugehen?
- Was ist in diesen Situationen anders als sonst?
- Was löst in mir dieses Verhalten aus?
- Woran erkenne ich, dass ich mich in einer solchen Situation befinde?
- Gibt es Möglichkeiten, gar nicht erst in diese Situationen zu gelangen?
- Was kann ich in solchen Situationen anders machen?

Verantwortung klären

Auch bei einer Tour unter Kollegen soll die Leiterrolle vorgängig geklärt werden. Hat eine Gruppe mehrere Leiter, so wird ein Lead Guide bestimmt, der die Oberverantwortung trägt und verbindlich entscheidet. Selbstverständlich spricht er sich vor seinen Entscheidungen mit den anderen Leitern ab.

Tourenplanung

Eine seriöse Tourenplanung verhindert grobe Fehlentscheide. Sie birgt aber die Gefahr, dass wir uns ohne weitere Gedanken (zu) sicher fühlen, da wir die Risikominimierung ja bereits vorgenommen haben.

Zudem besteht die Gefahr, dass wir uns in der Planung zwar vieles überlegen, es auf der Tour aber doch nicht umsetzen. Wenn wir einen Hang nur befahren wollen, wenn er abgeblasen ist, dann müssen wir das vor dem Befahren auch kontrollieren. Deshalb legen wir Entscheidungspunkte fest, an denen wir uns aktiv zwischen verschiedenen Varianten entscheiden müssen.

Damit Entscheidungspunkte nicht einfach übergangen werden, kann eine zweite Person in der Gruppe damit beauftragt werden, ebenfalls auf die Einhaltung dieser Punkte zu achten und den Leiter zu ermahnen, wenn er über den Entscheidungspunkt hinaus geht. Wie beim Sicherheits-Check im Klettergarten ergibt das ein redundantes System, das uns vor unseren menschlichen Unzulänglichkeiten schützen kann.

Wenn wir wissen, dass wir noch zwischen verschiedenen Varianten entscheiden müssen, werden wir unterwegs mehr Informationen aufnehmen, als wenn wir ohne weitere Überlegung die Tour wie geplant durchführen wollen und beim Sammeln von Informationen nur Gefahr laufen, dass diese nicht in unser Konzept passen. Die so gesammelten Informationen sind auch dann nützlich, wenn wir zwischen den im Voraus festgelegten Entscheidungspunkten eine Entscheidung treffen müssen.

Transparente Entscheidungsfindung

Vor der Entscheidung sammeln wir zunächst alle relevanten Informationen. Die selektive Wahrnehmung verringern wir durch folgendes Vorgehen:

- Die Informationen werden in Kleingruppen (oder bei mehreren Leitern von jedem einzelnen Leiter) gesammelt und anschliessend ausgetauscht. Dabei beginnt die sozial schwächste Gruppe (der Hilfsleiter vor dem Lead Guide). Die Bewertung erfolgt erst später.
- Erst jetzt erstellen wir aus den zusammengetragenen Informationen ein Bild der aktuellen Verhältnisse. Stimmt wirklich alles mit unseren bisherigen Annahmen überein? Welche Informationen sprechen dagegen?
- Manchmal ist es sinnvoll, einer Person die Aufgabe zu übertragen, alle Argumente zu suchen, die gegen das Weitergehen sprechen.

Der «Bauch» darf mitreden! Ein gutes Gefühl hinterfragen wir kritisch. Ein schlechtes Gefühl müssen wir immer ernst nehmen, denn es rührt oft von verdrängten, weil nicht gewollten, Wahrnehmungen her.

Anschliessend treffen wir eine Entscheidung und begründen sie klar. Damit erhalten die anderen Gruppenmitglieder die Möglichkeit, eine falsche Begründung aufzudecken. Das werden sie normalerweise aber höchstens dann tun, wenn wir vorgängig einen Teilnehmer beauftragt haben, die Entscheidung kritisch zu hinterfragen.

Begründete Entscheide werden von der Gruppe meistens mitgetragen.

Unpopuläre Entscheide

In unserer Gesellschaft sind Siegertypen gefragt, Helden die sich jeder Gefahr aussetzen und am Schluss gewinnen. Trotzdem muss ein verantwortungsbewusster Leiter ab und zu unpopuläre Entscheide fällen, z.B. umkehren unter dem Gipfel, Verzicht auf einen stiebenden Pulverschneehang, Gebiet wechseln: Silvretta statt Mt. Blanc. Folgende Überlegungen helfen uns vielleicht, die Kraft zu solchen Entscheiden zu finden:

- Wer sich auf eine Tour anmeldet oder einen Bergführer bezahlt, will auch wieder heil nach Hause kommen. Wer ohne Rücksicht auf Risiko und Verluste unbedingt den Berg hoch will, kann das gut alleine tun.
- Das Schwierigste an einem unbeliebten Entscheid ist für mich als Leiter, ihn mir gegenüber zu fassen. Bin ich erst einmal von meinem Entscheid überzeugt, habe ich wenig Probleme, ihn bei der Gruppe durchzusetzen.
- Wenn ich einen Entscheid alleine treffen muss und mit der Gruppe im Genick Mühe habe, dann lasse ich die Gruppe warten und gehe alleine «schauen». Das befreit mich nicht vollständig vom Gruppendruck, aber es gibt mir etwas Distanz, oder «Platz zum Denken» *[W. Munter]*. Danach kehre ich zur Gruppe zurück und erkläre ihnen, was zu meinem Entscheid geführt hat.

[i] Mersch in *Engler, 2001* und *Streicher, 2004*.

Führen von Gruppen

Es ist die Aufgabe des Leiters, die Gruppe zu führen. Er folgt dem idealen Weg oder legt eine neue Spur auf eben diesem. Neben diesen ureigenen Aufgaben stellen sich genau so wichtige Herausforderungen im Zusammenhang mit gruppendynamischen Prozessen. Die wichtigsten Impulse können nur am Anfang der Gruppenbildung gesetzt werden. Werden diese «Starthilfen» richtig vermittelt, können der Leiter und die Gruppe während der gesamten Dauer des Anlasses davon profitieren.

Eine Vorstellungsrunde braucht nicht allzu viel Zeit und kann auch durchaus lustig sein, ohne dass gleich intime Details ausgeplaudert werden müssen. Mit ihr erreichen wir folgende Ziele:

- Jeder Teilnehmer wird von den anderen Gruppenmitgliedern bewusst wahrgenommen.
- Wir können die Erwartungen der Teilnehmer klären: Motivation und Wünsche der einzelnen Teilnehmer? Rechtzeitig geäusserte Wünsche lassen sich oft erfüllen. Bleiben sie unausgesprochen, besteht die Gefahr der Faust im Sack: «Warum hat er nicht...».

Die geltenden Regeln und Gruppenstandards definieren wir rechtzeitig, z.B.: «Wir gehen als Gruppe weg, kommen als Gruppe auf den Gipfel und zusammen ins Tal hinunter.» «Der Leiter wird in der Abfahrt nicht überholt.»

Ein Leiter, der die Ressourcen der Teilnehmer kennt, kann diese nutzen. Betrauen wir die besseren Teilnehmer bewusst mit Teilaufgaben der Leitung, so werden sie sich viel eher für die Gruppe einsetzen. Es entsteht ein besserer Zusammenhalt und der Leiter wird entlastet. Eine solche Mitwirkung muss klar delegiert und vom Leiter kontrolliert werden.

Informationen geben wir rechtzeitig ab, und zwar so, dass sie von allen gehört werden. Meistens müssen wir dazu anhalten und die Teilnehmer aufschliessen lassen, was bei (zu) grossen Gruppen mühsam wird.

Juristisch gesehen ist der Leiter verpflichtet, alles ihm Zumutbare zu unternehmen, um die Gruppe vor überhöhten Risiken zu bewahren. Dazu muss er, unabhängig von seinem Führungsstil, in jeder Situation Chef der Gruppe sein und bleiben.

Wer eine Gruppe führt, ist zudem moralisch verpflichtet, nebst der körperlichen auch die emotionale und soziale Sicherheit der Teilnehmer zu garantieren. Dies gilt besonders auch bei Anlässen mit Kindern oder Jugendlichen.

Zu den nicht delegierbaren Aufgaben des Leiters gehören:
- Organisatorische und sicherheitsrelevante Anordnungen treffen und deren Einhaltung durchsetzen.
- Informationen sammeln, Entscheide fällen und diese für die Gruppe transparent machen.
- Auf Probleme und Bedenken der Teilnehmer eingehen.
- In Problemfällen eingreifen (nicht eingehaltene Anordnungen, unfaires Gruppenverhalten usw.).

Damit der Leiter diese Aufgaben übernehmen kann, muss er technisch, physisch und psychisch Reserven haben. Er muss sich noch im Komfortbereich befinden, wenn die Teilnehmer evtl. schon im Stressbereich sind.

Als Tagesabschluss blicken wir in einer Feedbackrunde nochmals auf die Tour zurück. Damit sammeln wir Erfahrungen und wir können angestaute Probleme lösen und Fragen klären. Dabei sollte der Leiter auch die Teilnehmer zu Wort kommen lassen.

Gelungen ist eine Tour, wenn sie unfallfrei verlaufen ist und die Teilnehmer zufrieden sind. Dabei ist es egal, wie steil der befahrene Hang ist und ob wir in Rekordzeit wieder in der Hütte zurück waren.

Leiterrollen und Gruppendynamik siehe *Hufenus, 2006*.

Schneetouren

Aufstieg	142
Abfahrt	144
Skitouren	146
Snowboardtouren	150
Schneeschuhtouren	152
Freeriden	153
Zu Fuss in Schnee und Eis	154

Aufstieg

Spuranlage

Die Spur ist unsere Visitenkarte im Gebirge. Wir berücksichtigen dabei die teilweise widersprüchlichen Aspekte Bequemlichkeit und Sicherheit.

Bequemlichkeit
- Über die flachsten Geländepartien (Rampen, Rücken) aufsteigen.
- Gleichmässige, dem Gelände angepasste Steigung.
- Keine unnötigen Kehren, Spitzkehren möglichst vermeiden.
- Keine langen Schräghangtraversen, besonders bei hartem oder rutschigem Schnee.

Sicherheit
Bezüglich Lawinengefahr:
- Frische Triebschneeansammlungen umgehen.
- Über die flachsten Geländepartien (z. B. Rampen) aufsteigen.
- Rücken sind sicherer als Mulden.
- Steilhänge möglichst am oberen Rand queren; reduziert eine allfällige Verschüttungstiefe.
- Gruppe organisieren und Vorsichtsmassnahmen treffen, z. B. Entlastungsabstände.

Bezüglich Abrutschgefahr, besonders bei hartem Schnee (siehe S. 50):
- Steilste Stellen meiden.
- Spur möglichst nicht oberhalb von Felswänden, Abbrüchen oder offenen Spalten anlegen.
- (Spitz-)kehren an flacheren Stellen und auf Inseln mit weichem Schnee.
- An kritischen Stellen die Spur präparieren: zu Fuss, mit der Schaufel oder dem Pickel.
- Frühzeitig Harscheisen montieren oder zu Fuss/mit Steigeisen aufsteigen.

Weitere Gefahren wie Spalten, Wechten und Eisschlag beachten.

In unbekanntem Gelände die Spur eher zu tief anlegen. Korrekturen der Routenwahl sind so nicht mit einem Höhenverlust verbunden.

Möglichst sichere, dem Gelände angepasste Spur mit konstanter Steigung und einem Minimum an Kehren.

Organisation der Gruppe

Vor dem Aufbruch kontrollieren wir das Material, klären ab, wer welche Rettungsmittel mitführt (Handy, Funk, Apotheke usw.) und testen die LVS.
Der Leiter hat den Überblick über alle Teilnehmer, damit er Probleme erkennt und entsprechend handeln kann. Unser Tempo ist gleichmässig und die Geschwindigkeit dem schwächsten Teilnehmer angepasst. Oft hilft es, diesen gleich an zweiter Stelle nachkommen zu lassen (Ausnahme: bei schwerer Spurarbeit).
Wir wählen die Rastplätze so, dass wir möglichst viele Dinge gleichzeitig erledigen können, z. B. Entscheid über die weitere Aufstiegsroute, Essen an windgeschütztem Ort, Harscheisen befestigen usw. Damit sparen wir Zeit.
Der Leiter ordnet Entlastungs- oder Sicherheitsabstände rechtzeitig an, bevor sich die ganze Gruppe im gefährdeten Bereich befindet. Danach überprüft er laufend die Einhaltung seiner Anordnungen. Randzonen von gefährdeten Hängen sind oft Auslösepunkte für Schneebretter. Am besten sammelt sich die Gruppe erst wieder ein gutes Stück vom kritischen Hang entfernt.

In wilder «Horden-Formation» belasten wir die kritische Schicht zusätzlich.

Für Gruppen gilt immer: Mit reduziertem Tempo gelangen wir rascher und relaxter zum Ziel. Die vorhandenen Kräfte werden eingeteilt und die Anzahl Pausen kann reduziert werden (Pause = Zeitfresser).

LVS-Kontrolle
Wir stellen nicht nur sicher, dass die LVS funktionieren, sondern vor allem, dass alle Teilnehmer ihr Gerät eingeschaltet haben:
- Gelegentlich kontrollieren, ob LVS empfängt (z. B. am Anfang einer Tourenwoche und vor jeder Tour bei Mietgeräten).
- Beim Einschalten des LVS führt jeder selbständig den Batterietest durch.
- Am Start der Tour oder der Variantenabfahrt kontrolliert der Leiter, ob alle LVS senden. Prüfdistanz mindestens 1 m.

Das LVS den ganzen Tag auf «Senden» belassen, auch wenn wir zwischendurch in einer Berghütte einkehren. Trotzdem kann es nach einem solchen Unterbruch angezeigt sein, die LVS-Kontrolle zu wiederholen.

Abfahrt

ⓘ Die Fahrtechnik erlernen wir mit Vorteil auf und neben der Skipiste. Dazu eignen sich spezifische Tiefschneekurse besser als Touren. Tipps zum Tiefschneefahren finden sich im Abschnitt «Skitouren». Literatur: *Schneesport Schweiz*.

Routenwahl auf der Abfahrt

Auf der Abfahrt widersprechen sich die Aspekte Genuss und Sicherheit oft noch stärker als im Aufstieg.

Abfahrtsgenuss
- Wenn möglich, fahren wir in der Falllinie ab. Mit den Skis wählen wir selbst dann den direkten Weg, wenn wir danach auf der Ebene schieben müssen.
- Pulverschnee liegt oft in Mulden und Schattenhängen. Es handelt sich dabei aber oft um typisches Lawinengelände.

Sicherheitsaspekte
- Bei der Abfahrt belasten wir die Schneedecke höher als im Aufstieg (siehe S. 74).
- Durch die vielen Spuren steigt das Risiko, einen Hot Spot zu treffen (siehe S. 114).

Besondere Vorsicht ist geboten, wenn wir nicht entlang der Aufstiegsspur abfahren:
- Einbahnstrasse: Weil ein Wiederaufstieg mühsam ist, neigen wir dazu, die Abfahrt auch dann fortzusetzen, wenn dies nicht mehr vernünftig ist (siehe Abschnitt «Entscheidungsfindung»).
- In der Abfahrt geht alles sehr schnell, es bleibt wenig Zeit zur Informationsaufnahme und Verarbeitung.
- Je besser wir fahren, desto weniger Eindruck machen uns extreme Steilhänge.

⇨ Die Tourenplanung mit ihren Methoden zur Risikoreduktion gilt auch auf der Abfahrt. Zuvor nicht eingesehene Hänge erfordern Vorsicht und Erfahrung, besonders bei schlechtem Wetter oder erhöhter Lawinengefahr.

👍 In unbekanntem Gelände die Spur eher zu hoch ansetzen. Korrekturen der Routenwahl sind so weniger mit einem Zurücksteigen verbunden.

Auf der Abfahrt sind die steilsten Hangpartien nicht einsehbar.

Organisation der Gruppe

Die Abfahrt stellt höhere Anforderungen an die Gruppenorganisation und die Disziplin als der Aufstieg. Grundsätzlich beachten wir folgende Punkte:
- Der Leiter wird nicht überholt.
- Ein erfahrener Teilnehmer fährt zuhinterst.
- Besammlungsplätze mit Einblick auf die weitere Abfahrtsroute wählen und auch dem langsamsten Fahrer eine Pause gönnen. Die Teilnehmer stoppen *oberhalb* des Leiters, denn dieser hat evtl. vor einer Gletscherspalte o.ä. angehalten.
- Etwas Abstand zwischen den Fahrern erhöht den Fahrgenuss und verhindert Kollisionen.
- Bei Nebel langsam hintereinander in der Spur abfahren, damit niemand den Vordermann aus den Augen verliert.

Sicherheitsmassnahmen

Die Sicherheit kann bei Bedarf folgendermassen erhöht werden (siehe auch S. 114):
- Begrenzen des Abfahrtskorridors
  - Beschränkung auf Geländekammer: Alle halten sich rechts von der Rippe, links vom Bach usw.
  - Einseitige Begrenzung: Alle fahren rechts des Leiters (der Leiter muss sich dabei weit links halten und nicht etwa die Mitte des gewünschten Bereichs befahren).
  - Beidseitige Begrenzung: Niemand verlässt seitlich den vom Leiter befahrenen Bereich. Der Leiter macht zwischen den Bögen Schrägfahrten von einem Rand zum andern.
- Entlastungsabstände von 30 bis 50 m zwischen den Personen zur Schonung der Schneedecke. Sie sind ohne nennenswerten Zeitverlust möglich und in Steilhängen generell zu empfehlen.
- Einzeln Fahren («Sicherheitsabstände») zur Reduktion des Schadensausmasses wird in kritischen Hängen und ganz allgemein in sehr steilen Hängen empfohlen. Besammlungspunkt an sicherem Ort, z.B. an seitlicher Begrenzung eines Couloirs oder ausserhalb des lawinengefährdeten Bereichs. Der Leiter gibt den Hang durch Stockzeichen für den nächsten Fahrer frei. Bei grossen Gruppen führen Sicherheitsabstände zu einem erheblichen Zeitverlust (siehe auch S. 114).

- Spurfahren kann auf einem spaltenreichen Gletscher oder in lawinenverdächtigem Gelände angewandt werden. Alle Teilnehmer folgen mit einem tiefen und gleichmässigen Fahrtempo in der vom Leiter angelegten Spur. Kurven mit Pflugdrehen, dazwischen sehr flache Schrägfahrt (Leiter schiebt mit den Stöcken, sonst wird es hinten zu schnell). Wird Spurfahren als Sicherheitsmassnahme eingesetzt, sind Entlastungsabstände nötig.

 Spurfahren ist nicht nur eine Sicherheitsmassnahme. Es erleichtert weniger guten Fahrern die Abfahrt und führt bei schlechter Sicht oder schwierigem Schnee zu einem erheblichen Zeitgewinn.

 Seilfahren sowie Abrutschen am Fixseil siehe Kapitel «Sicherung».

Skitouren

Technik im Aufstieg

Mit einer guten Technik im Aufstieg erhöhen wir die Sicherheit und sparen Kraft. Die Techniken üben wir im Vorfeld einer Tour in einfachem Gelände.

- Die Skis werden mehr geschoben als angehoben. Der Fuss wird dabei nach vorne geschoben und das Knie wenig angewinkelt. Ein zu starkes Anwinkeln hebt die Skienden stark an und kostet Energie.
- Im steilen Gelände halten wir den bergseitigen Skistock bequemer unter dem Griff. Dazu ist eine am Schaft angebrachte Schaumstoffmanschette komfortabel.
- Die Steighilfe erleichtert längere, steilere Aufstiege. Sie wird mit dem Skistock oder (schneller) von Hand auf und abgeklappt.
- Die Harscheisen werden frühzeitig vor harten oder rutschigen Aufstiegen, möglichst noch im flachen Gelände, montiert. Ohne Steighilfe greifen sie besser.
- Für eine optimale Spurbreite spuren wir bei tiefem Schnee (hüft-)breit. Hinter dem Spurenden fällt die Spur seitlich nach innen ein und wird dadurch schmaler.

 Felle regelmässig wachsen oder imprägnieren reduziert die Stollenbildung. Bei Bachquerungen darauf achten, dass die Felle trocken bleiben. Müssen Steine überquert werden, die Skis nicht schieben, sondern anheben.

Fussstellung

Den besten Halt erreichen wir, wenn möglichst das ganze Fell bzw. das ganze Harscheisen auf dem Schnee aufliegt. Dazu wird das Knie talwärts gedrückt.

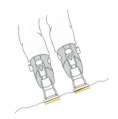

Kick-Kehre (Spitzkehre bergwärts)

Ab ca. 25–30° Neigung können wir die Bogen nicht mehr umtreten, wir müssen auf Spitzkehren umstellen. Am effizientesten ist die «Kick-Kehre».

Eine Spitzkehre benötigt zusätzliche Energie und kann leicht zu einem Sturz führen. Deshalb gilt:

- So wenig Spitzkehren wie möglich.
- Flachere Stellen mit möglichst weichem Schnee wählen.
- Spur bei der Kehre flach anlegen und gut austreten.
- Orte bevorzugen, wo ein Sturz keine ernsthaften Folgen hat.
- Bei Bedarf (ohne Skis) unterhalb der Wendestelle Hilfe stehen und im Notfall einen Ausrutscher auffangen.
- Bei grossen Gruppen und technisch schwachen Teilnehmern Wendeplattformen schaufeln.

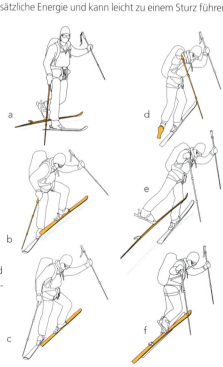

Spur verbessern

Bei hartem Schnee können an kritischen Stellen mit einer guten Spur die Sicherheit und der Komfort gesteigert werden:
- Das Schlagen mit den Skis ergibt oft eine deutlich bessere Spur.
- Der Leiter trampelt zu Fuss eine Spur, die Teilnehmer folgen mit den Skis.
- Mit der Lawinenschaufel ein Trasse schaufeln.
- Ritzen: mit der Schaufel des Pickels eine Kerbe in den Schnee ritzen, welche das Durchbrechen der Schneedecke mit den Skis erlaubt.

Skis und Stöcke aufbinden

Zu Fuss im steilen Gelände tragen wir die Skis nicht auf der Schulter, sondern binden sie auf den Rucksack.

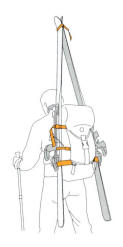

Im Abstieg werden die Ski etwas höher aufgebunden, damit sie nicht im Schnee einhängen.

Für kürzere Passagen werden die Skistöcke quer hinter den Rucksackriemen verstaut.

Skitechnik in der Abfahrt

Die Skitechnik erlernen wir idealerweise in Tiefschneekursen. Touren eignen sich nicht dazu, da wir oft vom Aufstieg ermüdet sind und nur eine Abfahrt möglich ist. Trotzdem ein paar skitechnische Hinweise für die Abfahrt.

- Aus Angst wird oft mit zuviel Rücklage gefahren. Dies nimmt den Druck von den Skispitzen und macht die Skis schlecht steuerbar. Dadurch können die Kurven nicht ideal gefahren werden, das Tempo nimmt zu und es kommt zum Sturz. Korrekturübung: Schienbein während der Fahrt bewusst gegen die Skischuhlasche drücken.
- Am Ende der Schwungphase wird oft der Oberkörper zum Hang hin überdreht. Die Fahrt verlangsamt sich, der Rucksack zieht talwärts und es kommt zum Sturz auf den Rücken. Korrekturübung: Den Blick während der Fahrt konsequent talwärts richten.
- Damit wir Kurven fahren können, benötigen wir Druck auf den Skis. Es braucht ein gewisses Tempo, um diesen Druck effizient aufzubauen. Ein allzu langsames Tempo macht das Skifahren zum Kraftakt. Korrekturübung: In einfachem Gelände das Tempo steigern, um Vertrauen zu gewinnen.

Vor der Abfahrt den Belag von Eis und Leimresten reinigen. Ein gewachster Ski dreht leichter.

Snowboardtouren

Die Abfahrt mit dem Snowboard bietet einen hohen Genuss. Der Aufstieg im steilen Gelände, das Spuren im tiefen Schnee, das Gewicht des Snowboards auf dem Rucksack und die oft vorhandenen Flachstrecken auf der Abfahrt machen Snowboardtouren aber deutlich anstrengender als Skitouren. Nicht das Befahren steiler Hänge, sondern die folgenden Punkte bereiten auf Snowboardtouren Schwierigkeiten:
- Lange Schrägfahrten und Fahrstrassen
- Flachstrecken, welche den Einsatz der Skistöcke erfordern oder zu Fuss begangen werden.
- Kurze Gegensteigungen werden zu Fuss zurückgelegt.
- Längere Gegensteigungen erfordern den Wechsel auf die Aufstiegshilfen.
- Beim Aufstieg zu Fuss sind mit den üblicherweise verwendeten Softboots oft Steigeisen oder auch ein Pickel erforderlich.
- Weil sich eine bequeme Schneeschuh- von einer bequemen Skispur unterscheidet, ergeben sich Probleme bei gemischten Ski-/Snowboard-Gruppen.
- Seilfahren ist mit dem Snowboard noch schwieriger als mit den Skis.

⇨ Mit Schneeschuhen aufsteigende Snowboarder müssen auf dem Gletscher früher anseilen als Skifahrer, da die Gewichtsverteilung punktueller ist.

Im Aufstieg wird das Snowboard hinten auf den Rucksack gebunden.

Aufstiegshilfen

Schneeschuhe

Meistens steigen wir mit Schneeschuhen auf. Bei den Schneeschuhmodellen erweisen sich plattenartige Plastikmodelle mit guten Harscheisen und Steighilfe als geeignet. Traversen durch Steilhänge sind mühsam. Im Unterschied zum Aufstieg mit Skis wird vermehrt in der Falllinie aufgestiegen und dabei eine ungleichmässigere Steigung in Kauf genommen. In Gelände mit Abrutschgefahr wird besser zu Fuss aufgestiegen.

Bei kurzen, steilen Passagen lohnt es sich bei grösseren Gruppen, wenn der Leiter mit der Lawinenschaufel ein Trasse schaufelt.

Kurzskis

Eine gute Möglichkeit vor allem bei gemischten Ski-/Snowboardgruppen. Bequem im Aufstieg, aber sperrig auf dem Rucksack bei der Abfahrt.

Doppelt teleskopierbare Skistöcke

Die Stöcke werden im Aufstieg und in der Abfahrt bei Flachstrecken eingesetzt. Bei der Abfahrt werden sie zusammengeschoben auf den Rucksack geschnallt. Vorsicht, dass bei einem Sturz die Stockspitzen nicht zu Kopfverletzungen führen.

 Rucksäcke mit Rollverschluss lassen sich auch bei aufgebundenem Snowboard öffnen.

Abfahrt mit dem Snowboard

Snowboarder gewichten den Abfahrtsspass im unverfahrenen Tiefschnee sehr hoch. Es werden in der Regel höhere Tempi als bei Skigruppen gefahren. Folgende Punkte sind wichtig:
- Es wird nicht auf, sondern direkt nach einem Flachstück gestoppt, damit man wieder losfahren kann. Vorsicht: Auf Gletschern befindet sich am Übergang zum steileren Gelände eine typische Spaltenzone.
- Mit dem Snowboard kann ohne Pause eine grosse Höhendifferenz abgefahren werden. Muss einem nachfolgenden Snowboarder geholfen werden oder gerät dieser in eine Lawine, so wird der Wiederaufstieg aber sehr zeitaufwändig. Ideal ist ein zweiter Leiter als Schlussmann.
- Snowboarder befahren oft Steilhänge weitab von der Spur des Leiters. Eine klare Führung der Gruppe ist deshalb wichtig. Als minimale Regel gilt, dass der Leiter nicht überholt wird und sich bei den Pausen alle Teilnehmer in diesem Bereich treffen. Fallweise kommen weitere Sicherheitsmassnahmen dazu (siehe S. 145).
- Abfahrten im Nebel ohne Spur oder gar Seilfahren sind auch für geübte Boarder problematisch. Besonders bei schlechter Sicht ist das Befahren spaltenreicher Gletscher kritisch.

 Bei schlechter Sicht oder unübersichtlichem Gelände kann es vorteilhaft sein, wenn der Leiter mit den Schneeschuhen aufsteigt, aber an Stelle des Snowboards die Skis hoch trägt und damit abfährt. Er ist damit flexibler.

Schneeschuhtouren

Schneeschuhe machen das winterliche Gebirge für ein breites Wanderpublikum zugänglich. Sie werden aber längst nicht mehr nur für beschauliche Winterwanderungen in Jura und Voralpen, sondern auch im Hochgebirge eingesetzt.

Für Schneeschuhwanderungen verwenden wir beliebige Schneeschuhe. Für steiles Gelände oder grössere Aufstiege eignen sich plattenartige Plastikmodelle mit guten Harscheisen und wenn möglich mit Steighilfen. Eine stark aufgebogene Spitze erleichtert auch bei Bruchharsch und im Abstieg das Nachziehen des Schneeschuhs. Zum Halten des Gleichgewichts sind Skistöcke notwendig.

⇨ Auch Schneeschuhläufer müssen die Lawinengefahr beachten. Dicht aufgeschlossene Schneeschuhgruppen belasten den Hang besonders stark.

Gehtechnik

Wir gehen normal und setzen immer den ganzen Schneeschuh auf. Besondere Techniken:
- Kurze Steilstücke begehen wir in der Falllinie, längere Steilstücke oder abrutschgefährdete Passagen besser ohne Schneeschuhe.
- Bei steilen Traversen benützen wir nach Möglichkeit eine vorhandene (Ski-)spur und setzen darin einen Fuss vor den anderen. Ohne Spur meistern wir sie mit dem Gesicht zum Hang, mit vertikal ausgerichteten Schneeschuhen.
- Im Abstieg können wir manchmal auf den Schneeschuhen abfahren, indem wir die Schneeschuhe hintereinander stellen. Das Gewicht ist auf dem vorderen Bein.
- Bei weichem Schnee ist es oft bequemer, auf dem Hosenboden «abzufahren».

Beim «Abfahren» auf dem Hosenboden können wir weder bremsen noch steuern. ➞ Nur bei hindernisfreien Hängen und gutem Auslauf anwenden!

Umweltproblematik

Besonders erlebnisreich für Schneeschuhwanderungen sind lichte Wälder an der Baumgrenze. Genau dabei handelt es sich aber um einen ökologisch empfindlichen Lebensraum. Um die Einhaltung folgender, minimaler Standards wird dringend gebeten:
- Im Wald folgen wir den Wegen.
- Wir halten uns nicht zu lange im Bereich lichter Wälder auf und verursachen dort keinen unnötigen Lärm.
- Wir meiden die Wildschutzgebiete. Sie sind auf den Skitourenkarten eingezeichnet.
- Wir beachten die Lebensgewohnheiten der Wildtiere. Problematisch sind die Stunden der Dämmerung.

Freeriden

Beim Freeriden benutzen wir Seilbahnen und Lifte, um danach ausserhalb der markierten Pisten abzufahren. Wir verlieren beim Freeriden sehr rasch unsere Entscheidungsfreiheit, da ein Wiederaufstieg nicht mehr praktikabel ist (siehe S. 131). Eine begonnene Abfahrt wird in aller Regel auch beendet. Dieser Umstand macht eine eingehende Beurteilung der Verhältnisse schon vor der ersten Abfahrt besonders wichtig. Eine erste Abfahrt im pistennahen Bereich bietet gute Möglichkeiten zur Informationssammlung.

Hinweise:

- Lawinenbulletin und das Gelände der geplanten Abfahrt kennen und Risikobeurteilung vornehmen (Abschnitt «Risiko abschätzen und minimieren»).
- Wer den «Variantenbonus» (ständig befahrene Hänge, siehe S. 92) beansprucht, muss sicherstellen, dass es sich momentan tatsächlich um solches Gelände handelt und der befahrene Hangbereich («Spurband») nicht verlassen wird. Dazu sind oft genaue Ortskenntnisse notwendig.
- Steile Hänge einzeln fahren und auf «sicheren Inseln» aufeinander warten.
- Rettungsausrüstung mitführen und deren Anwendung beherrschen: LVS, Schaufel, Sonde, Notfunk oder zumindest Handy, Apotheke, evtl. Zusatzausrüstung gemäss Abschnitt «Notfallausrüstung».
- Vorsicht vor Verirren, besonders b. Nebel, Schneefall od. einbrechender Dunkelheit.
- Vorsicht beim Befahren von unbekanntem, vorher nicht eingesehenem Gelände.
- Absturzgefahr beachten.

Beim Freeriden Felle oder Schneeschuhe mitführen, damit die Entscheidungsfreiheit gewahrt bleibt (Rückzug nach oben).

Zu Fuss in Schnee und Eis

Steile Passagen und Gipfelanstiege werden oft zu Fuss bewältigt. Sofern notwendig, setzen wir auch Pickel und Steigeisen ein.

Allgemeines

Aufstieg

- Leicht hangwärts geneigte Tritte verhindern ein Abrutschen.
- Die Tritthöhe so wählen, dass bei Bedarf auch wieder in den Stufen abgestiegen werden kann.
- Bei rutschigem Schnee den Tritt nur langsam belasten, damit sich der Schnee unter dem Schuh bereits etwas verfestigen kann.

Zickzack

Im flachen und sehr steilen Gelände steigen wir meistens in der Falllinie auf. Dazwischen liegt ein Bereich, in dem eine Zickzack-Spur bequemer ist.
- Die bergseitige Hand hält den Pickel (siehe S. 157).
- Eine grosse Plattform beim Richtungswechsel steigert die Sicherheit und erleichtert den Handwechsel des Pickels.

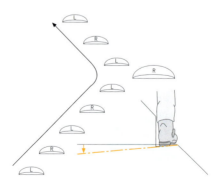

Im steilen Gelände gibt eine Anordnung der Tritte gemäss Abb. S. 156 mehr Stabilität.

Frontal

Mit dieser Technik können wir sowohl auf- als auch absteigen. Sie ist kraftraubend und im Abstieg relativ langsam, weshalb wir sie nur im steilen Gelände anwenden.

Abstieg

Nur in sehr steilem Gelände steigen wir rückwärts ab, mit dem Gesicht zum Berg. Im Allgemeinen ist es bequemer, vorwärts abzusteigen. Zudem behalten wir die Übersicht über das Gelände und die Seilkameraden unter uns.

- Unbedingt Rücklage vermeiden und Pickel oder Skistöcke vor den Füssen einstecken.
- Beim Abstieg in der Falllinie lassen wir uns auf die Ferse des vorderen Fusses fallen, damit sie sich in den Schnee einrammt. Wichtig dabei ist, dass das Knie leicht angewinkelt bleibt.
- Allfällige Stollen an den Schuhen mit dem Pickel abschlagen.

⇨ Softboots und die auf Schneeschuhtouren oft verwendeten Treckingschuhe sind bei hartem, steilem Schnee problematisch → rechtzeitig Steigeisen verwenden!

Steigeisen

Das Gehen mit Steigeisen birgt die Gefahr, sich mit den Zacken in den Gamaschen oder am Hosenbein zu verfangen. Dies können wir vermeiden:
- Immer breitbeinig gehen (verbessert auch den Stand).
- Enge Gamaschen oder Hosen mit engem Beinabschluss tragen, keine losen Riemen.
- Keine herabhängenden Schlingen an Rucksack oder Anseilgurt.

> Oft sind Stollen an den Steigeisen die Ursache eines Rutschers. Antistollplatten an den Steigeisen verhindern dies weitgehend und gehören deshalb an alle Steigeisen.

Allzackentechnik

- Das untere Bein macht die Distanz, das obere die Höhe.
- Den Fuss so kippen, dass *alle* Zacken ins Eis eindringen.
- Bei hartem Eis die Zacken einschlagen.
- Im Abstieg unbedingt Rücklage vermeiden, dazu den Pickel möglichst vor den Füssen einstecken.
- Beim Abstieg in der Falllinie die Füsse leicht V-förmig aufsetzen.

⇨ Die Tritte so anordnen, dass kein Überkreuzen der Beine stattfindet. Sonst droht die Gefahr, mit den Steigeisen am anderen Bein hängen zu bleiben.

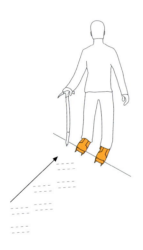

Frontzackentechnik

Im Steilgelände schlagen wir die Frontzacken ein, siehe Kapitel «Steileis- und Mixedklettern».
- Die Fussstellung ist gut hüftbreit.
- Die Fersen hängen leicht nach unten.

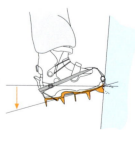

Pickel

Im flachen Gelände unterstützen die Skistöcke das Gleichgewicht. Im steileren Gelände gibt der Pickel mehr Halt und erleichtert das Stoppen eines Rutschers.

Stützpickel (Spazierstock)

- Der Pickel gehört in die bergseitige Hand.
- In steileren Passagen Pickel und Beine nicht miteinander, sondern nacheinander bewegen.
- Den Schaft des Pickels tief in den Schnee rammen gibt Halt. Benutzen von vorhandenen Pickellöchern spart Kraft.
- Bei hartem Schnee schaut die Pickelhaue nach hinten, damit im Notfall mit der Pickelbremse ein Rutscher gestoppt werden kann (siehe S. 159).

Im flachen Gelände und bei weichem Schnee kann die Haue nach vorne zeigen, um sich beim Umfallen nicht daran zu verletzen.

Kopfstütztechnik

Wir verbessern den Halt bei der Frontzackentechnik, indem wir uns auf den Pickelkopf stützen.

- Den Pickel nicht am Schaft, sondern oben auf dem Kopf halten.
- Haue auf Hüfthöhe in den Schnee drücken.
- Die Pickelspitze berührt den Schnee.

Ankern

Im Steileis dienen uns ein oder zwei Pickel als Griffe. Diese Technik ist nur möglich mit Ankerpickeln und wird im Kapitel «Steileis- und Mixedklettern» beschrieben.

Ritzen

Wenn in heiklen Passagen der Schnee zu hart ist, um zu Fuss eine Spur zu machen, helfen wir mit der Haue des Pickels nach. Im Idealfall genügt ein einziger Schlag, wobei wir die Haue fast parallel zur Schneeoberfläche führen.

Stufen schlagen

Bei kurzen, eisigen Passagen ist Stufen schlagen nach wie vor eine gute Variante. Ideal ist ein sog. Führerpickel (Haue ohne Zacken). Die üblicherweise mitgeführten Universalpickel eignen sich nur bedingt. Um ein Herausrutschen zu verhindern, schlagen wir die Stufen nach innen geneigt.

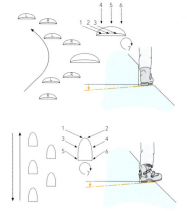

Pickel versorgen

Damit wir beide Hände frei, den Pickel aber trotzdem griffbereit haben, stecken wir ihn hinter den Rucksack.

⇨ Vor dem Ablegen des Rucksacks den Pickel herausziehen. Er fällt sonst hinunter.

[i] Techniken für felsiges Gelände siehe «Bergsport Sommer».

Stoppen eines Rutschers

Wirkungsvolles Bremsen im steilen Schnee ist nur auf dem Bauch und mit den Füssen nach unten möglich. Darum gilt es, zuerst in diese Stellung zu gelangen. Mit Steigeisen winkeln wir die Knie an, ausser bei weichem Schnee und Absturzgefahr.

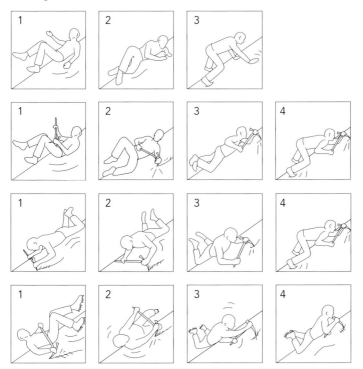

> Pickel richtig halten: Bei Abrutschgefahr halten wir die Haue nach hinten (ausser bei weichem Schnee).

Richtiges Bremsen muss regelmässig geübt werden. Dabei achten wir auf folgende Sicherheitsstandards:
- Schneefeld muss kurz sein und unten auslaufen.
- Schneeoberfläche muss relativ glatt sein, keine Steine.
- Keine Übungen mit Steigeisen machen.

SAC – Bergsport Winter

Sicherung

Knoten	162
Anseilen	165
Verankerungen in Firn und Eis	169
Sicherung bei Abrutschgefahr	175
Ablassen und Abseilen	178
Gletscherbegehungen	180

Knoten

Bergsteigerknoten müssen halten, kontrollierbar und auch nach einer hohen Belastung wieder lösbar sein. Die folgenden Knoten sind für den Bergsport im Winter wichtig. Weitere Knoten siehe «Bergsport Sommer».

Achterknoten

- Anseilen (mit gestecktem Achterknoten, siehe S. 165).
- Fixieren von Seilen bei Fixseil und Rettung.
- Seilverbindung bei ungefähr gleichem Seildurchmesser.

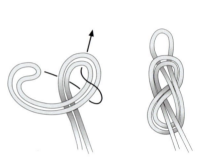

Doppelter Spierenstich

- Zusammenknüpfen von Seilen und Reepschnüren, auch bei unterschiedlichem Durchmesser.

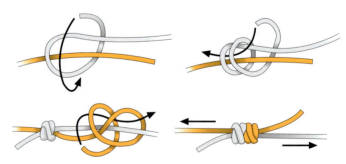

Mastwurf

- Fixieren von Seilen bei Fixseil und Rettung.

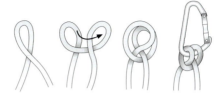

Halbmastwurf (HMS, VP)

- Partnersicherung
- Abbremsen

> Der Halbmastwurf darf nur in einem HMS-Karabiner (birnenförmiger Karabiner mit Schraubverschlusssicherung) angewendet werden. Kontrollieren, ob der Karabiner zugeschraubt ist.

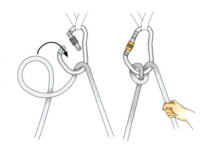

Klemmknoten

Die Knoten klemmen auf Zug an der Schlinge. Zum Verschieben halten wir den Knoten selbst.

Prusik

- Handschlaufe auf dem Gletscher
- Selbstsicherung beim Abseilen und am Fixseil
- Spaltenrettung

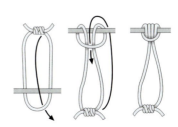

Reepschnur mit 5–6 mm
Durchmesser verwenden.
Dünnere Reepschnüre
sind zu schwach, dickere
klemmen nicht.
Klemmt in beide Richtungen.

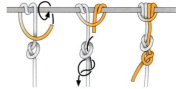

 Eine dritte Umdrehung erhöht
normalerweise die Klemmwirkung.

Prohaska

- Sicherung an Fixseil.
- Spaltenrettung.

Der Prohaska klemmt auch mit
Bandschlingen, dicken Reepschnüren und an vereisten Seilen
und ist leicht zu verschieben.
Er ist dem Karabinerklemmknoten
meistens vorzuziehen. 2 oder
max. 3 Umdrehungen. Bevorzugte
Klemmrichtung beachten.

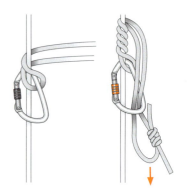

➪ Reepschnur darf nicht auf Schnapper liegen. Karabiner sichern.

Kreuzklemmknoten

- Handschlaufe auf dem Gletscher.
- Selbstsicherung beim Abseilen.

Der Kreuzklemmknoten hält auch
mit Bandschlingen und dicken
Reepschnüren. Er verschiebt sich
nicht so leicht.
Klemmrichtung beachten.

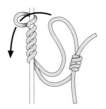 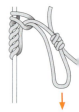

Anseilen

Anseilgurt

Hüftgurt
(Sportklettergurt, Sitzgurt)

- Üblicher und bequemster Anseilgurt.
Die Hüftgurt-Anseilmethode bietet nach heutigen Erkenntnissen denselben Sicherheitsstandard wie die kombinierte Anseilmethode *[Charlet, 1996; Lutz und Mair, 2002]*. Der Gurt muss gut festgezogen werden und optimal passen, was bei Kindern und stark übergewichtigen Personen nicht immer gegeben ist.

> Bei schwerem Rucksack problematisch.

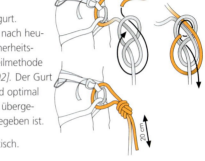

Systemschnalle   *Gurtverschluss, der zurückgefädelt werden muss*

Kombinierte Anseilmethode: Hüft- und Brustgurt

- Ideal mit schwerem Rucksack (Kopf-Oben-Position).
- Unpraktisch für Körpersicherung.
- Reepschnur mit mind. 8 mm Durchmesser verwenden.

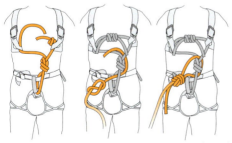

> Der höhere Anseilpunkt ist ungünstig zum Halten eines Spaltensturzes sowie beim Selbstaufstieg aus einer Gletscherspalte.

Mangelhafte Modelle

Alle anderen Anseilgurte sind bei der Möglichkeit von Stürzen oder freiem Hängen (also auch auf verschneiten Gletschern) ungenügend. Dies betrifft insbesondere:
- Ältere «Kombigurte» (zu hoher Anseilpunkt).
- Alleinige Verwendung des unteren Teils von alten, zweiteiligen Anseilgurten.
- Alleinige Verwendung des Brustgurtes.
- Mit Reepschnüren oder Bandschlingen geknüpfte Anseilgurte.

Anseilen in der Seilmitte

Gesteckter Führerknoten

Normalerweise binden wir uns direkt ins Seil ein, z.B. mit einem gesteckten Führerknoten.
- Der Knoten wird nicht so voluminös wie bei einem (doppelten) gesteckten Achterknoten.
- Schlaufe wenn möglich mit Karabiner am Anseilring des Klettergurts sichern.

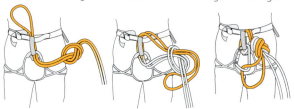

Anseilen mit Karabinern

Seilen wir uns für kurze Abschnitte oder auf sehr leichten Gletschertouren mit Karabinern an, beachten wir Folgendes:
- Zwei Karabiner gegengleich verwenden, mind. einer davon mit Sicherung.
- Karabiner im Anseilring des Hüftgurts einhängen.

 Hochtouren-Anseilgurte ohne Anseilring sind für diese Methode ungeeignet (ungünstige Querbelastung der Karabiner).

Seilverkürzung

Angeseilt wird an den Seilenden. Den Abstand zwischen den Seilschaftsmitgliedern passen wir mit der Seilverkürzung an.

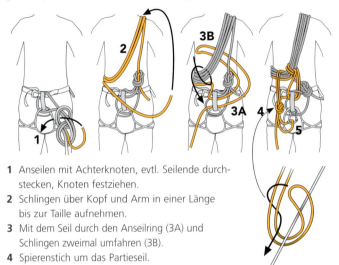

1 Anseilen mit Achterknoten, evtl. Seilende durchstecken, Knoten festziehen.
2 Schlingen über Kopf und Arm in einer Länge bis zur Taille aufnehmen.
3 Mit dem Seil durch den Anseilring (3A) und Schlingen zweimal umfahren (3B).
4 Spierenstich um das Partieseil.
5 Mit Karabiner am Anseilring des Klettergurts sichern.

Das Zurückstecken des Seilendes in den Achterknoten verhindert ein selbständiges Lösen des Knotens, macht ihn aber auch schwieriger kontrollierbar. Es ist nur bei neuen, glatten Seiten sinnvoll, wenn die Seilverkürzung lange Zeit bleibt.

Die Schlingen der Seilverkürzung werden ein zweites Mal umfahren, damit diese gleich lang bleiben und man sich bei der Spaltenrettung besser losseilen kann.

Wird statt eines einfachen ein doppelter Spierenstich verwendet (Punkt 4), braucht die Seilschlaufe nicht am Klettergurt gesichert zu werden (Punkt 5 entfällt).

Anseilen auf Gletscher

Günstig sind Seilschaften von 3 bis ca. 5 Personen. Je grösser die Seilschaft, desto unregelmässiger wird das Tempo, vor allem für die Hinteren.
Je weniger Leute am Seil sind, desto grösser müssen die Abstände gewählt werden. Dies gewährt einen grösseren Bremsweg im Falle eines Spaltensturzes.

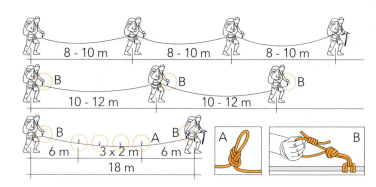

Bremsknoten erleichtern das Halten eines Spaltensturzes, erschweren aber die Spaltenrettung. Sie bremsen nur, wenn sich das Seil zuvor in der Spaltenlippe eingeschnitten hat. Der erste Knoten wird deshalb in 5 bis 6 m Entfernung angebracht, die restlichen in Abständen von 2 m. Bremsknoten werden nur eingesetzt, wo das Halten ein ernsthaftes Problem ist: Bei Zweier Seilschaften und zusätzlich bei Dreier Seilschaften auf der Abfahrt.

⇨ In der Zweierseilschaft sind sowohl das Halten eines Spaltensturzes als auch die Spaltenrettung schwierig. Sie bleibt erfahrenen und gut ausgebildeten Personen vorbehalten.

Handschlaufe

Eine Handschlaufe erlaubt bei einem Spaltensturz das Anhängen der Last an die provisorische Verankerung und ist bei kleineren Seilschaften besonders wichtig. Alle Seilschaftsmitglieder befestigen sie in Gehrichtung, der Seilerste nach hinten. Verschiedene Handschlaufen sind möglich:

Schlinge mit Klemmknoten	• Reepschnur, Durchmesser ca. 6 mm. • An neuen, dünnen Seilen den Kreuzklemmknoten verwenden (Prusik rutscht, Prohaska verschiebt sich während des Gehens am Seil). • Keine Probleme bei Spaltenrettung.
Schlinge mit Ropeman am Seil befestigt	• Erleichtert den Bau eines Flaschenzuges und den Selbstaufstieg (siehe Abschnitt «Spaltenrettung»). • Ropeman muss für verwendeten Seildurchmesser zugelassen sein.

⇨ Auch bei gestrecktem Seil müssen wir die Handschlaufe (bzw. deren Befestigung am Seil) mit der Hand erreichen.

Verankerungen in Schnee und Eis

Felsverankerungen siehe «Bergsport Sommer»

Schnee

T-Schlitz

Zuverlässigste Verankerung im Schnee:
- Belastungsseite des Schlitzes leicht überhängend, damit Anker nicht herausgezogen wird.
- Bandschlinge oder Reepschnur von mind. 8 mm Durchmesser verwenden (oder dünnere mehrfach).
- Schlitz (von hinten) mit Schnee füllen und diesen festtreten.
- Nur in angegebene Richtung belasten.

Den Schnee bei der Verankerung unversehrt belassen. Ausnahme: Feuchter und sehr weicher Schnee können verdichtet werden.

Bei hartem Schnee *Pickel* vergraben:
- Schlinge mit Prusikknoten im Schwerpunkt des Pickels befestigen.
- Pickel sollte möglichst T-Norm erfüllen (siehe S. 68).

Bei weichem Schnee *Skis* vergraben
- Schlinge mit Ankerstich befestigen und mit Handschuh o.ä. vor Skikanten schützen.

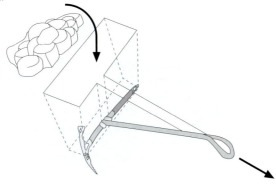

Als Abseilverankerung einen grossen, kantigen Stein vergraben.

Abalakow – Pickelverankerung

Korrekt gesetzt, gräbt sich der Pickel unter Belastung noch tiefer in den Schnee ein und die Verankerung hält im mittelharten Firn ca. 2,5 kN (~250 kg).
- Spezielle Stahlseilstrippe (Abalakow-Schlinge) am Pickel befestigen.
- Pickel mit der Haue quer zur Zugrichtung ganz in den Schnee einrammen.
- Winkel zwischen Pickel und Belastung ca. 50°.
- Stahlseil in den Schnee einschneiden.
- Nur in angegebene Richtung belasten.

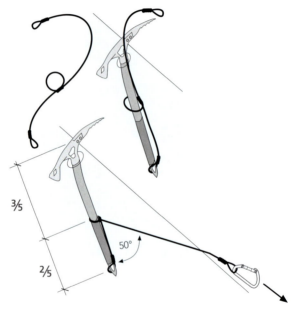

➪ Diese Verankerung ist genial, aber heikel. Korrektes Setzen braucht Übung.

➪ Das Stahlseil hält nur an Pickeln mit Gummiüberzug am Schaft. Bei anderen Pickeln muss das Stahlseil mit einer Arretierungsschraube am Schaft fixiert werden.

➪ In der ursprünglichen Form der Schlinge fehlt die Schlaufe zur Fixation an der Pickelspitze. Damit das Stahlseil beim Einstecken des Pickels nicht hinaufgeschoben wird ist eine Arretierungsschraube nötig, oder das Stahlseil wird mit einer Reepschnur zur Pickelspitze hin fixiert.

Sicherung **171**

Provisorische Verankerung im Schnee

Nicht immer haben wir Zeit, einen T-Schlitz zu bauen. Die hier gezeigten Verankerungen verwenden wir bei geringen Belastungen oder als provisorische Verankerung bis zum Bau der definitiven Verankerung.

> Die «provisorischen» Verankerungen sind bei möglicher Sturzbelastung oder für einen Flaschenzug zu schwach!

Eingesteckte Skis

- Skis leicht nach hinten geneigt bis zur Bindung in den Schnee einrammen.
- Reepschnur mit Handschuh, Mütze o. ä. vor den Skikanten schützen.
- Last unmittelbar an der Schneeoberfläche anhängen
- Skis oben zurückhalten.

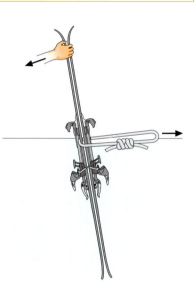

> Wichtig: Während ganzer Belastungsdauer Skis oben zurückhalten!

Eingesteckter Pickel

- Pickel leicht nach hinten geneigt vollständig in den Schnee rammen.
- Auf Pickel stehen/knien.

> Wichtig: Während ganzer Belastungsdauer auf dem Pickel verbleiben!

Testen einer Verankerung

Wollen wir zu didaktischen Zwecken zeigen, was eine Verankerung taugt (z. B. dass ein eingesteckter Pickel praktisch nichts hält), müssen wir darauf achten, dass die Verankerung rückgesichert ist. (Herausschnellen kann zu Verletzungen führen).

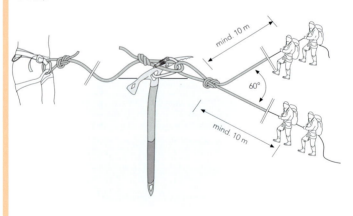

[i] Erstellen einer Verankerung unter Zug: siehe S. 239.

Eis

Verankerungen im Eis sind leichter anzubringen und solider als im Schnee.

Eisschraube (-röhre)

- Morsches Eis wegkratzen.
- Röhre senkrecht zu Eisoberfläche und Belastungsrichtung eindrehen.
- Bei hoher Temparatur oder direkter Sonnenbestrahlung besteht Ausschmelzgefahr: Röhre 10–15° nach hinten neigen und mit Schnee zudecken.
- Bei dünnem Eis eine kürzere Eisschraube verwenden. Kann sie trotzdem nicht ganz eingedreht werden: Abbinden mit Ankerstich oder Mastwurf.

Eine mind. 14 cm lange Qualitäts-Eisschraube erreicht im kompakten Eis ca. 15 kN (~1500 kg) Festigkeit.

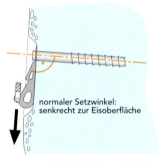
normaler Setzwinkel: senkrecht zur Eisoberfläche

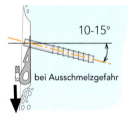
10-15° bei Ausschmelzgefahr

Nur gut geschliffene Qualitäts-Eisschrauben aus Stahl und mit Kurbel lassen sich in jedem Eis rasch und mit einer Hand eindrehen.

Bei langer Belastung oder Wärme schmelzen die Eisschrauben aus. Für Rettungsübungen o. ä. besser Eissanduhren verwenden.

Eissanduhr

- Morsches Eis wegkratzen.
- Mit langer Eisschraube (mind. 19 cm) im 60° Winkel 2 Löcher bohren, die sich möglichst weit hinten treffen.
- Durchziehen einer Reepschnur mit dem (Abalakow-) Hooker
- Reepschnur zusammenknüpfen, Winkel max. 60°.
- Belastung senkrecht zur Ebene, in der sich die Sanduhr befindet.

Wenig empfindlich auf Ausschmelzen. Festigkeit bei 15 cm Seitenlänge im kompakten Eis ca. 10 kN (~1000 kg) bei Verwendung einer 8 mm Reepschnur. Bei dünneren Reepschnüren weniger (evtl. mehrfach nehmen).

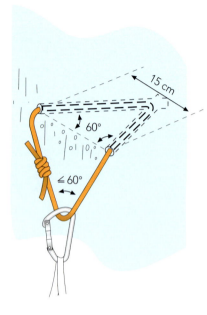

 Ein Hooker kann mit einem Draht selbst angefertigt werden. Im Notfall kann statt dem Hooker auch das Stahlkabel eines Klemmkeils oder die Abalakow-Schlinge verwendet werden.

Sicherung bei Abrutschgefahr

Aus Zeitgründen können wir im alpinen Gelände nicht systematisch von Stand zu Stand sichern. Mit einer dem Gelände, den Verhältnissen und dem Können der Teilnehmer angepassten Sicherung halten wir das Risiko trotzdem in einem akzeptablen Rahmen:

Gelände Verhältnisse	Situation und Gruppenzusammensetzung	Sicherung
Technisch leicht (aber trotzdem abrutschgefährdet)	Nur kurzes Stück	Fixseil
	Genügend Seilführer für alle Seilschaften vorhanden.	Kurzes Seil (Seilverkürzung)
	Nicht genügend sichere Seilführer vorhanden	• Sichern wie im schwierigen Gelände oder • der geübte Seilführer geht mehrere Male • oder umkehren
Schwierig oder steil	Nur kurzes Stück	Fixseil
	Genügend Seilführer vorhanden	Halblanges Seil, sichern in Seillängen (siehe «Bergsport Sommer»)

] «Leicht» darf nicht blind von der Schwierigkeitsbewertung übernommen werden, sondern ist auch vom Können der Teilnehmer und den Verhältnissen abhängig.

⇢ Zeitdruck, Gruppendruck und Selbstüberschätzung können im alpinen Gelände fatale Folgen haben.

Kurzes Seil

Anwendung: gemäss Tabelle S. 175. Beim Gehen am kurzen Seil ist grundsätzlich ein Seilschaftsabsturz möglich. Der Seilführer darf unter keinen Umständen stürzen, die ganze Seilschaft würde mitgerissen. Zudem muss er einen Ausrutscher des oder der Teilnehmer(s) halten können.

- Auf ca. 4–8 m anseilen.
- Der Seilführer nimmt ca. 3–4 Schlingen in die Hand, die letzte als mit einem Führerknoten ins Seil geknotete Handschlaufe.
- Zwischen den Personen ist nur sehr wenig Seil (ca. 1 m bei Querungen, 1,5 m auf- oder abwärts) und es muss immer straff sein.
- Der Seilführer ist sowohl im Auf- wie auch im Abstieg oberhalb des Seilzweiten. Er hat die Schlingen in der Talhand. Im Abstieg nimmt der Untere das Seil auf die Bergseite.

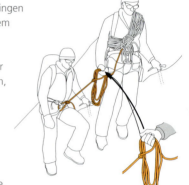

Am Grat ohne Wechte schreiten wir auf der Gratschneide am kurzen Seil. Wir seilen eher etwas länger an (ca. 8 m), der Seilführer hält somit etwas mehr Schlaufen in der Hand. Im Falle eines Sturzes lässt er die Schlingen los und springt auf die andere Gratseite.

 Bei schwierigen, auf beiden Seiten verwechteten Graten kann auch das halblange Seil angewendet werden, siehe «Bergsport Sommer».

 Ein Sturz kann nicht gehalten, sondern nur der Start eines Sturzes verhindert werden. Dazu muss das Seil sehr kurz und immer straff sein. Nur durch sofortigen Zug kann ein Stolpern oder Ausrutschen aufgefangen werden.

 Die maximale Seilschaftsgrösse muss dem Gelände angepasst sein. Schon zwei Nachsteiger zu halten ist schwierig und braucht einen sehr guten Stand!

[i] Spezielle Anseiltechniken für Dreierseilschaften (Weiche, direktes Seil) siehe Buch «Bergsport Sommer».

Fixseil

Anwendung gemäss Tabelle S. 175.
Für kürzere Passagen eine sichere
Lösung, sei es zu Fuss oder auch
zum Abrutschen mit Skis.
- Abrutschen mit Skis: Seil möglichst in der Falllinie.
- Bei Bedarf Selbstsicherung mittels Klemmknoten.
- Bei kurzen, sehr steilen Passagen erleichtern in kurzen Abständen ins Seil geknüpfte Knoten den Aufstieg.

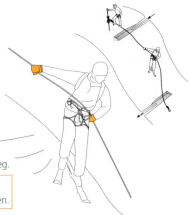

Unteres Seilende fixieren oder zumindest einen grossen Knoten machen.

Seilfrei

Nur wenn alle Mitglieder einer Gruppe so sicher unterwegs sind, dass ein Sturz praktisch ausgeschlossen werden kann, dürfen wir auf die Seilsicherung verzichten. Einen solchen Entscheid müssen wir uns gut überlegen und nebst den technischen stets auch die psychischen Aspekte berücksichtigen.
- Wenn wir nicht wissen, ob es oben noch schwieriger wird (z.B. plötzlich Blankeis unter dem Schnee) oder wenn es zwischendurch Stellen gibt, wo eine Seilsicherung angezeigt ist, wählen wir das kurze Seil. Sonst ist die Gefahr gross, dass wir auch dort nicht anseilen, getreu dem Motto: «Bisher ging alles gut, so wird es auch da noch gut gehen…»
- Die Entscheide werden vom Tourenleiter gefällt, beim seilfreien Gehen sind aber die Technik, die Psyche und die Zuverlässigkeit des schwächsten Teilnehmers massgebend. Dieser kann die Gefahren oft nicht selber beurteilen.

Vorsicht auf gruppendynamische Prozesse! Hat sich z.B. der Gruppenstandard «Wir sind uns einig» ausgebildet (siehe S. 132), und lautet die Devise «Wir können das alle auch ohne Seil», dann wird manch ein Gruppenmitglied trotz aufkommender Unsicherheit seilfrei weiter gehen.

Bei einer Garantenstellung (Tourenleiter – Teilnehmer) ist seilfreies Gehen problematisch und auf sehr leichtes Gelände zu beschränken.

Ablassen und Abseilen

Ist das Gelände zu steil, um ungesichert oder am Fixseil abzusteigen, kann der Leiter die Teilnehmer am Seil ablassen oder wir seilen ab. Beides bedingt eine absolut zuverlässige Verankerung, möglichst aus zwei verbundenen Fixpunkten. Wir verhindern ein Ausrutschen oder Auspendeln, indem wir breitbeinig stehen, weit nach hinten lehnen und in der Falllinie bleiben.

⇨ Selbstsicherung am Standplatz mit Schlinge (mit Ankerstich am Anseilgurt befestigt) und Schraubkarabiner.

Ablassen

Bei weniger geübten Teilnehmern schneller als abseilen. Der Leiter klettert ab oder er seilt sich ab.

Check bevor der Teilnehmer seine Selbstsicherung aushängt:
- Seilende am Stand fixiert?
- Teilnehmer richtig angeseilt?
- Sicherungskarabiner richtig eingehängt, HMS korrekt, Karabiner zugeschraubt?
- Hat der Leiter beide Hände am Bremsseil?

Unten angekommen:
- Zuerst Selbstsicherung anbringen, dann losseilen.
- Keine Abrutschgefahr: seitlich aus dem Gefahrenbereich weggehen.

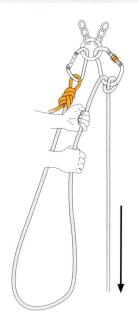

 Wenn nicht absolut sicher ist, dass das Seil reicht, das Seilende am Stand fixieren.

Abseilen

Seil mit Knoten liegt felsseitig im Ring. So lässt es sich von unten besser abziehen. Seile (ähnlichen Durchmessers!) mit Achterknoten zusammenknüpfen, Knoten fest anziehen, Enden ca. 50 cm.

Check vor Aushängen der Selbstsicherung:

- Seil richtig in Verankerung und zusammengeknotet?
- Abseilbremse richtig eingehängt und am Klettergurt fixiert?
- Prusik korrekt (bei neuen, dünnen Seilen drei Umwicklungen) und am Klettergurt eingehängt?
- Seil sicher genügend lang oder Knoten am Seilende (bei ungleich langen Seilen immer)?

Unten angekommen:

- Zuerst Selbstsicherung anbringen, dann Abseilbremse und Prusik aushängen.
- Keine Abrutschgefahr: seitlich aus dem Gefahrenbereich weggehen.

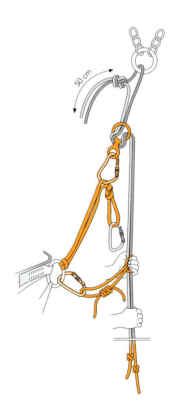

Knoten im Seilende verhindern das Abseilen über das Seilende hinaus (→ Absturzgefahr)! Sie müssen vor dem Ausziehen des Seils gelöst werden.

Gletscherbegehungen

Routenführung

Gletscherspalten sind Zugrisse im Eis. Sie entstehen bevorzugt an folgenden Stellen:
- dort wo der Gletscher (in Fliessrichtung) steiler wird;
- bei Buckeln und konvexen Geländeformen;
- im Randbereich.

Mit einer guten Spuranlage meiden wir diese Stellen und ziehen flacheres, regelmässiges eher muldenförmiges Gelände vor. Grundsätzlich sind aber auf allen Gletschern an jeder Stelle Spalten möglich.
- Spalten möglichst im rechten Winkel überqueren.
- Pausen in spaltenarmen Geländeformen machen.
- Vorsicht bei Snowboardabfahrten, wo wir über die Flachstrecke hinaus fahren und am Beginn des nächsten Hanges anhalten. Dort befindet sich eine spaltenreiche Geländeform.

Wann wird angeseilt?

Zu Fuss oder mit Schneeschuhen wird auf verschneitem Gletscher angeseilt. Mit Skis oder Snowboard wird vor allem durch Spaltenzonen angeseilt, insbesondere bei:
- schlechter Sicht;
- Neuschnee oder durchweichter Schneedecke;
- schlecht eingeschneitem Gletscher.

 Lieber einmal zu viel als zu wenig anseilen!

Vorsichtsmassnahmen

Wenn wir die Spaltensturzgefahr als gering beurteilen und mit Skis oder Snowboard nicht anseilen, werden folgende Vorsichtsmassnahmen empfohlen:
- Anseilgurt tragen.
- Eine Schlinge mit Ankerstich am Anseilgurt befestigen und sie entweder über den Kopf und eine Schulter nehmen (über den Kleidern) oder oben am Rucksack befestigen. Dies erlaubt ein improvisiertes Befestigen eines Seiles von oben durch einen Retter im Falle eines Spaltensturzes (Zugang zum Hüftgurt meistens nicht möglich).
- Eine zusätzliche Skilänge Abstand zwischen den einzelnen Personen reduziert die Belastung auf die Schneebrücke im Aufstieg.
- Bei den Pausen nicht allzu dicht zusammen stehen und Skis anbehalten.
- Nicht beide Skis gleichzeitig ausziehen (z. B. beim Anschnallen der Felle).

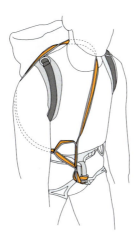

Aufstieg angeseilt

Das Seil muss immer gestreckt sein, es darf den Schnee in der Mitte nur leicht berühren. Wenn wir fast draufstehen, ist es viel zu schlaff. Eine gute Spuranlage erleichtert die Seilführung.

Enge Kehren

Wir reduzieren enge Kehren und Spitzkehren auf das Nötigste und begehen sie wie folgt:
- Normalerweise muss das Seil auch im Bereich der Kehre gestreckt sein. Dies bedingt ein wiederholtes Warten der Seilschaftsmitglieder.
- Wenn ein Spaltensturz praktisch ausgeschlossen werden kann (und nur dann!) und zudem mindestens drei Leute am Seil sind, wartet der Hintere nicht. Er läuft mit konstanter Geschwindigkeit weiter, bis er selber bei der Kurve ist. Nach der Kurve muss das Seil nach vorne wieder gestreckt sein. Es gibt keine Wartezeiten, ein Spaltensturz des Seilführers nach oder des Seilletzten vor der Kehre wäre aber fatal.

Gleichmässige Steigung

Auch mit Schneeschuhen ist eine gleichmässige Steigung wichtig. Am gestreckten Seil richtet sich bei ungleichmässiger Steigung das Tempo immer nach derjenigen Person, die sich gerade im steilsten Abschnitt der Spur befindet. Die Leute vor und nach dem Steilstück müssen langsamer gehen und der Aufstieg wird zu einem ständigen Stop and Go.

Gemischte Gruppe Ski/Snowboard

Eine gemischte Gruppe mit weniger als drei Snowboardern (= eine eigene Seilschaft) ist im Aufstieg über einen Gletscher problematisch, denn:
- Mit Schneeschuhen aufsteigende Snowboarder müssen früher anseilen als Skifahrer.
- Skifahrer steigen flacher auf und traversieren die Hänge stärker hin und her.

Abfahrt angeseilt

Abfahren am Seil ist mit Ski schwierig und mühsam und mit dem Snowboard fast unmöglich. Darum schon im Aufstieg überlegen, ob wir wieder heil herunterkommen oder schon jetzt umkehren müssen.

- Seilfahren ist normalerweise auch Spurfahren.
- Ganz langsam aber konstant fahren, nur Pflugschwünge, dazwischen Schrägfahrt.
- Sehr flache Spur anlegen (Seilführer muss mit Stöcken schieben, sonst wird es hinten zu schnell).
- Der Seilführer fährt mit Stöcken. Alle weiteren Personen befestigen sie am Rucksack und halten das Seil in den Händen.

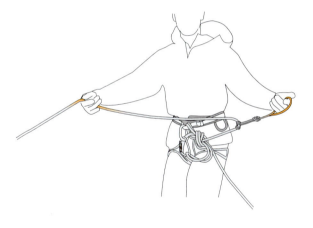

Wenn die Route klar ist (z. B. in der zweiten Seilschaft), fährt der schwächste Skifahrer am besten als Seilerster.

Manchmal genügt es, wenn die besten Skifahrer als Seilschaft vorfahren und der Rest der Gruppe unangeseilt in der Spur folgt.

Auch auf der Abfahrt muss das Seil gestreckt sein!

SAC – Bergsport Winter

Steileis- und Mixedklettern

Material	186
Technik	190
Sicherung	195
Verhältnisse	202
Taktik	204
Schwierigkeitsbewertung	207

Experten: Ueli Kämpf und Ralf Weber

Das Beherrschen der Kletter- und Sicherungstechnik im Fels gemäss «Bergsport Sommer» wird vorausgesetzt.

Begriffe

Eisfallklettern	Klettern von gefrorenen Wasserfällen, Absicherung vorwiegend im Eis.
Mixed	Klettern von gemischten Fels- und Eispassagen, Absicherung mehrheitlich im Fels.
Drytooling	Klettern mit Eisausrüstung vorwiegend im Fels. Bitte nicht in «normalen» Klettergärten praktizieren, denn Drytooling beschädigt den Fels.
Säule	Frei stehende Eissäule ohne Felsverbindung.
Kerze	Auf ihrer ganzen Länge an der dahinter liegenden Felswand angefrorene Eissäule.
Glasur	Sehr dünnes Eis (ca. 1 cm).
Hooken	Einhängen der Pickelhaue in Fels- oder Eisstrukturen, ohne zu schlagen.

Material

Pickel

Steileispickel

Optimal, wo ins Eis geschlagen wird.
- Der Schaft ist gekrümmt, damit er nicht am Eis ansteht.
- Zwei Haltebügel am Schaft erlauben einen Handwechsel am Pickel.
- Ideal für schwierige Hochtouren, sofern sich die Haltebügel entfernen lassen.
- Normalerweise je ein Pickel mit Hammer und Schaufel.
- Kann mit Handschlaufe kombiniert werden.

Drytooling Pickel

Der optimale Pickel zum Hooken.
- Bequeme Griffe für beide Hände.
- Ohne Schaufel oder Hammerkopf wird der Pickel leichter und die Verletzungsgefahr reduziert.
- Wird ohne Handschlaufe verwendet.
- Auf Hochtouren sowie für Zu- und Abstieg ungeeignet.

> Zum Mixedklettern sind beide Pickelarten geeignet, je nach eigener Gewöhnung und abhängig davon, ob die Hauptschwierigkeiten in Fels oder Eis liegen.

Haue

Die Haue muss die richtige Form haben und sehr scharf sein. Nach der Tour schleifen wir sie nach, besonders wenn wir auf Fels geschlagen haben.

a scharfe, vorstehende Spitze;
b die folgenden Zähne sind leicht zurückversetzt;
c Zähne an Hauenoberseite zum Drytoolen. Im Eisfall sind diese hinderlich, weil der Pickel schlechter aus dem Eis gelöst werden kann.

konkave Formen gerundet (keine Kerben)

> Der Stahl für die Haue ist thermisch gehärtet und darf beim Nachschleifen nicht heiss werden → mit Feile von Hand nachschleifen!

> Einspringende Ecken oder Kerben führen zu Spannungskonzentrationen und zum Bruch der Haue → konkave Formen nur mit Rundfeile schleifen!

> Auf reinen Eistouren können wir auch Hauen in Halbrohrform verwenden.

Handschlaufe

- Mit Handschlaufen an den Pickeln sparen wir im Eisfall Kraft und wir können das Risiko eines Pickelverlusts etwas verringern. Beim Schrauben und Klinken können wir den Pickel aber trotzdem verlieren.
- Ohne Handschlaufe können wir die Hände am Pickel wechseln, sowie besser schrauben, klinken und schütteln.

 Beim Drytoolen Handschlaufen weglassen! Die Verletzungsgefahr ist zu gross.

Steigeisen

Geeignet sind Steigeisen mit vertikalen, gezackten Frontzacken.

Eisfall

- Zwei Frontzacken oder Monozacken.
- Steigeisen an genügend wärmende Bergschuhe schnallen.

Mixed und Drytoolen

- Monozacken (= ein Frontzacken) erhöht Präzision.
- Fersendorn zum Hooken.
- Optimal ist ein fix am Schuh integriertes Steigeisen.

Bekleidung

Kleider dürfen die Bewegungsfreiheit nicht behindern, müssen warm und genügend wasserdicht sein.

Handschuhe

Zum Klettern verwenden wir dünne, griffige Fingerhandschuhe. Am Stand wechseln wir auf warme, dicke Handschuhe und halten die dünnen Handschuhe am Körper warm.

Sicherungsmaterial

Eisschrauben

Nur gut geschliffene Qualitäts-Eisschrauben mit vier Zähnen und Kurbel lassen sich rasch einhändig setzen. Empfohlene Längen:
- normal: 14–18 cm;
- einige kürzere für dünne Eisauflagen;
- eine längere zum Bohren von Eissanduhren;
- ein möglichst langes Gewinde erhöht die Haltekraft im Eis.

Pflege:
- Zum Trocknen die Schutzkappe wegnehmen.
- Nach dem Trocknen innen und aussen ölen (verhindert Rost und reduziert Reibung beim Eindrehen).
- Zähne sorgfältig mit Handfeile nachschleifen (so wenig wie möglich).
- Stark beschädigte Zähne vom Hersteller nachschleifen lassen (über Bergsporthandel).

Zusätzliches Sicherungsmaterial
- Einige 8 mm Reepschnurstücke von 1,4 m Länge und Abalakow Hooker, um sie in die gebohrte Eissanduhr einzuziehen.
- Felsverankerungen (Klemmkeile, Friends, Haken usw.) nach Bedarf.
- Ice Anchor zum Einschlagen in eisgefüllte Risse beim Mixedklettern oder Drytoolen.
- Zwei bis drei Schockabsorber zur Dämpfung des Fangstosses (siehe S. 198).

Seil

Normalerweise verwenden wir Halbseile, damit wir die Doppelseiltechnik anwenden und auch wieder abseilen können. Bei gebohrten Klettergartenrouten ist auch ein Einfachseil möglich. Zum Eisklettern und Drytoolen mit Vorteil neuwertige, gut imprägnierte Seile verwenden.
Vereiste Seile sind kaum mehr handhabbar und die Bremskraft der Sicherungs- und Abseilgeräte wird drastisch reduziert.

Technik

Steileis

Pickel einschlagen
- In Mulde schlagen.
- Eisgerät nicht seitlich verkanten.
- Am Ende der Bewegung aus dem Handgelenk schlagen.
- Nicht gerade über dem Kopf schlagen, sonst fällt das gelöste Eis ins Gesicht.
- Schlagkraft der Stabilität des Eises anpassen.

 Manchmal ist es sinnvoll, mehrmals fein ins gleiche Loch nachzuschlagen.
Präzision ist wichtiger als brachiale Schlagkraft.

Glasur

⇨ Selbst feine Eisglasuren sind kletterbar, wenn sie gut am Fels angefroren sind und wir nach dem Schlagen den Pickel nicht mehr bewegen. Hohle, d.h. nicht mit dem Fels verbundene Eisplatten, sollten umgangen werden.

Hooken im Eis

Wo schon Löcher vorhanden sind (natürliche oder von Eiskletterern geschlagene), können wir die Pickel einhängen ohne zu schlagen. Wir schonen den Eisfall und sparen Kraft.

Lösen der Eisgeräte

- Pickel anheben (so herausnehmen wie er eingeschlagen wurde).
- Notfalls am Pickelkopf nach oben schlagen.
- Nur vertikale Bewegungen (Pickel nicht seitlich hin und her biegen, sonst kann die Haue brechen).

Treten

- Vor dem Einschlagen der Steigeisen den Vorderfuss heraufziehen.
- Gesetztes Eisen nicht mehr bewegen.
- Gelände ausnutzen, immer so viele Zacken ins Eis wie möglich.
- Schlagkraft der Stabilität des Eises anpassen.

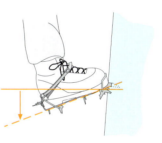

Standardbewegung

Die Standardbewegung ist die stabilste und kraftsparendste Fortbewegung im Steileis. Wenige weite Züge sind effizienter als viele kurze.

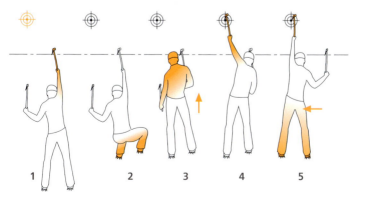

1 Stabile Ausgangsposition, oberer Arm gestreckt. Sich für den nächsten Setzpunkt des Pickels entscheiden (seitlich versetzt!), Bewegung vorausplanen, unteren Pickel lockern.
2 Mit beiden Füssen höher treten. Körper bleibt unten, Arm bleibt gestreckt.
3 Aufstehen mit den Beinen, soweit nötig durch Zug mit den Armen an beiden Pickeln unterstützt. Körper gegen den oberen Pickel hin eindrehen (Arm berührt Brust).
4 Unteren Pickel herausnehmen und mit gezieltem Schlag neu setzen. Festigkeit überprüfen.
5 Umtreten, bis Körper in stabilem Gleichgewicht ist. Oberer Arm bleibt gestreckt. Zur Erholung ev. unteren Arm schütteln. Weiter mit Phase **1**.

Übergreifen

In Quergängen können wir dank zwei Griffen die Hände am Pickel wechseln. Den nicht benötigten Pickel hängen wir z.B. über die Schulter.

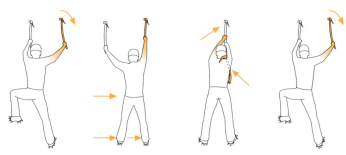

Spreizen

Zwischen zwei Kerzen, Säulen oder zwischen Eis und Fels finden wir oft eine bequeme Spreizposition. Ideal auch zum Anbringen von Sicherungen.

Spreizen

Drop Knee

Mixed

Hooken

- Nur die Spitze der Haue berührt den Fels. Damit ist der Druck lokal so hoch, dass der Fels verletzt wird und die Haue sich festbeisst.
- Nach dem Setzen den Pickel nicht mehr bewegen (gilt auch im Eis, insbesondere bei Glasuren).
- Hooken an Untergriffen ergibt grosse Reichweite.

Heelhook

Mit dem Fersendorn hooken wir an ähnlichen Orten wie mit dem Pickel und schaffen uns damit eine Ruheposition.

Figure of 4

Die Figure of 4 erhöht die Reichweite, wo keine Tritte vorhanden sind.

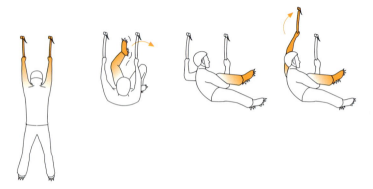

 Für maximale Reichweite das Bein nicht über den Ellbogen, sondern über das Handgelenk legen.

Sicherung

Im Eis können wir die Absicherung unseren persönlichen Bedürfnissen anpassen. Je schlechter die einzelnen Sicherungen, desto enger hintereinander setzen wir sie.

> Ein guter Eiskletterer kann mehr Sicherungen setzen, weil er mehr Positionen dazu findet.

Verankerungen

Felsverankerungen siehe «Bergsport Sommer».

Zum Anbringen oder Klinken einer Zwischensicherung lassen wir den nicht benötigten Pickel im Eis stecken. Beim Drytoolen halten wir ihn mit dem Daumen der anderen Hand.

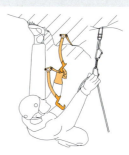

Eisschrauben

Nur in perfektem Eis erreichen hochwertige Eisschrauben mit ca. 20 kN (2000 kg) ähnliche Festigkeiten wie Bohrhaken *[Semmel und Stopper, 2005]*. Normalerweise sollten wir nicht von diesem Idealfall ausgehen und die Belastung minimieren (Ausgleichsverankerung, Doppelseiltechnik).

Eindrehen
- Eisschraube in kompaktes Eis schrauben. Werden Lufteinschlüsse angebohrt, so dass die Schraube während mehr als drei Umdrehungen nicht beisst, oder ist nicht das ganze Gewinde im Eis, so gilt sie als zweifelhaft. Ist morsches Oberflächeneis vorhanden, dieses zuerst entfernen.
- Eisschraube in Mulde setzen.
- Möglichst dort schrauben, wo wir stabil stehen.
- Auf Hüfthöhe ansetzen. Nur aus sehr stabiler Position können wir ausnahmsweise weiter oben schrauben.
- Zuerst mit dem Pickel ein kleines Loch vorbereiten. Wenn das Eis nicht gesprungen ist, dürfen wir dazu ein Schlagloch verwenden.

Material am Klettergurt gut ordnen und Eisschrauben so anhängen, dass wir uns problemlos bedienen können. Dazu sind am Klettergurt fixierte Karabiner nützlich.

Krawatte
Eine eng genähte Expressschlinge als
«Krawatte» erleichtert das Einhängen.
Weil sie beim Einschrauben stören kann,
ist sie nicht jedermanns Sache.
- Hänger nach oben.
- Nur bei Schrauben ohne scharfe Kanten am Schraubenkopf, sie könnten die Schlinge durchschneiden.

Setzwinkel rechtwinklig   normaler Setzwinkel
Maximale Festigkeit bei schlechtem Eis, also dem massgebenden Fall.

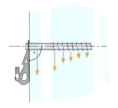

10° nach unten geneigt   Maximale Festigkeit in kompaktem Eis. Bei schlechtem Eis geringere Festigkeit als im rechten Winkel.

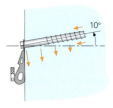

10° nach oben geneigt   Ungünstiger Setzwinkel. Der Eiskeil unter der Schraube wird hoch belastet und kann weggesprengt werden. Nur bei Ausschmelzgefahr sinnvoll, dann ist es aber meistens zu warm zum Eisfallklettern.

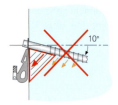

Steileis- und Mixedklettern

Eispfropfen entfernen

Wir können eine Eisschraube nur setzen, wenn ihr Inneres eisfrei ist. Den Eispfropfen entfernen wir
- sofort nach dem Herausdrehen, indem wir mit dem Kopf der Eisschraube gegen Eis oder Pickel schlagen (Zähne und Gewinde schonen),
- oder am Standplatz mit einem mitgeführten Dorn (z.B. einem grossen Nagel).

Eispfropfen bei grosser Kälte nicht mit dem Mund ausblasen – die Lippen frieren am Metall an!

Eissanduhr bohren

Eine solide Sanduhr ist die ideale Abseilverankerung im Eis.
- Die längste Schraube verwenden (mind. 19 cm).
- Löcher müssen sich möglichst weit hinten treffen.
- Reepschnur mit dem Abalakow Hooker einziehen.
- ca. 10 kN (~1000 kg) Festigkeit bei 15 cm Seitenlänge, kompaktem Eis und 8 mm Reepschnur.

Natürliche Eissanduhr

Wir können an natürlichen Eissanduhren (Säulen) sichern, auch wenn ihre Festigkeit stark variiert und nur schwierig abzuschätzen ist.
- Eissanduhr ganz unten abbinden.
- Kompakte, dicke Sanduhren abbinden, ab ca. Oberarmdicke.

Belastung reduzieren

Die Belastung auf eine (weniger solide) Zwischensicherung können wir wie folgt reduzieren:
- Weichere Stürze dank Doppelseiltechnik.
- Für jeden Seilstrang eine eigene Zwischensicherung auf ungefähr gleicher Höhe anbringen.
- Ausgleichsverankerung bei mehreren, zweifelhaften Fixpunkten.
- Schockabsorber verwenden.

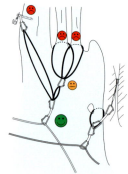

⇨ Schlechte Sicherungen belassen, durch weiteren Sicherungspunkt verbessern und kurz danach bessere Sicherung anbringen.

Schockabsorber

Bei kritischen Zwischensicherungen ersetzen wir die normale Expressschlinge durch einen Schockabsorber. Bei einem Sturz werden die speziellen Dämpfer-Nähte aufgerissen und damit der Fangstoss reduziert.
Besonders wirkungsvoll ist ein Schockabsorber bei der 1. Zwischensicherung, bei einem kurzen Sturz (bis ca. 5 m) mit hohem Sturzfaktor. Droht ein mittlerer Sturz, so können zwei Schockabsorber in Serie benutzt werden. Bei weiten Stürzen ist der Dehnweg der Schockabsorber zu gering, um den Fangstoss spürbar zu reduzieren.

Standplatz

Der Standplatz besteht aus mindestens zwei zuverlässigen Sicherungen:
- Ausgleichsverankerung mit Bandschlinge (aus Polyamid oder evtl. aus Mischgewebe) oder Reepschnur mind. 8 mm. Dabei auf spitzen Winkel achten und Zentralkarabiner richtig einhängen!
- Der Achterknoten (A) reduziert den Schlag, wenn der obere Fixpunkt ausreisst (Achterknoten nicht durch Führerknoten ersetzen, denn dieser kriecht bei Schlingen aus Mischgewebe).
- Stand an eisschlagsicherer Stelle einrichten und überlegen, wo es weiter geht (siehe S. 205).

> Für die Ausgleichsverankerung keine Schlingen aus Polyäthylen verwenden (glatt, weiss, etwa 8 mm Breite). Unter Belastung kriecht der Knoten und die Schlinge könnte durchschmelzen.

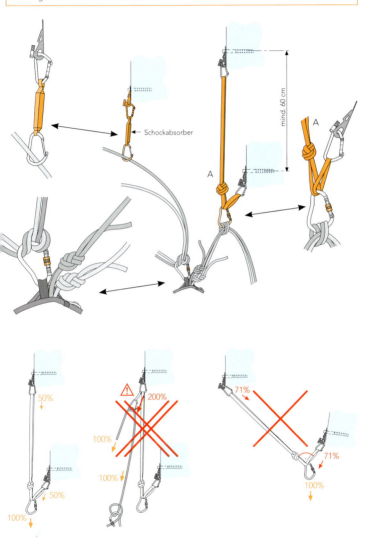

Schockabsorber

Die 1. Zwischensicherung direkt nach dem Stand anbringen, am besten auf Höhe der oberen Standschraube, etwa 1,5 m seitlich.

 Zum Setzen der 1. Zwischensicherung dürfen wir den Stand nur als Zwischensicherung benutzen, wenn wir ihn mit dem Anseilpunkt nicht überklettern.

Normalerweise dürfen wir uns am Standplatz in die Eisschrauben hängen. Besteht die Gefahr, dass die Schrauben durch Wärme und Druck ausschmelzen, so richten wir den Standplatz gleich ein, hängen unser Gewicht aber mit einer am Anseilgurt befestigten, zusätzlichen Schlinge an die Eisgeräte.

 Drohen die belasteten Schrauben auszuschmelzen, ist es vermutlich zu warm und wir sollten den Eisfall verlassen.

 Folgt gleich nach einem günstigen Ort für den Standplatz eine heikle Stelle, so klettern wir weiter und hängen bereits die 1. Zwischensicherung für die nächste Seillänge ein. Danach kehren wir an den geschützten Ort zurück und richten dort unseren Stand ein.

Sicherungstechnik

Sicherung Vorsteiger

- Am Körper können wir genauer sichern als am Fixpunkt.
- Bei vereisten Seilen sichern wir mit dem Halbmastwurf:
  - Die Seil-auf-Seil Reibung bei Sicherung mit HMS enteist die Seile zumindest teilweise.
  - Andere Sicherungsgeräte bremsen bei vereisten Seilen zu wenig (Achter, Tuber).
  - Automatische Sicherungsgeräte (Tre, Grigri, ...) funktionieren nicht mehr.

Sicherung Nachsteiger

Den Nachsteiger sichern wir am Zentralkarabiner. Dank einem selbstblockierenden Plättli können wir uns am Stand besser erholen und den Weiterweg organisieren.

Doppelseiltechnik

Bei weniger soliden Zwischensicherungen reduzieren wir den Fangstoss mit der Doppelseiltechnik, d.h. wir hängen die beiden Halbseilstränge einzeln, und wenn möglich alternierend, in die Zwischensicherungen ein. (Ein Bergseil ist

eine Feder. Der dünnere Halbseil-Strang
ist eine weichere Feder als ein dickeres
Einfachseil oder gar zwei parallel geführte
Seilstränge bei der im alpinen Sportklettern
üblichen Zwillingsseiltechnik.)

▷ Dreierseilschaft: Die beiden Nachsteiger
sind je an einem Halbseilstrang gesichert
und steigen gleichzeitig nebeneinander
nach, möglichst auf gleicher Höhe.

Klinken der Zwischensicherung

Beim Drytoolen kann der Pickel völlig überraschend ausbrechen und es kommt zu unkontrollierten Stürzen. Besonders beim Klinken der Zwischensicherung besteht die Gefahr eines Bodensturzes («Grounder»).
- Sicherungen erst auf Höhe des Anseilpunktes einhängen.
- Sehr aufmerksam sichern und zu Beginn nahe an der Wand stehen.
- In Bodennähe sehr viele Sicherungen anbringen.

Zu- und Abstieg

Manchmal gibt es separate Abseilpisten neben dem Eisfall, an Bäumen oder Felsverankerungen. Sonst seilen wir über den Eisfall ab:
- Abseilstellen an geschützten Orten einrichten.
- Als Verankerung dient eine solide Eissanduhr, die wir vorteilhaft schon im Aufstieg einrichten.
- Mit einem Tuber abseilen. Der Achter hat bei vereisten Seilen zu wenig Reibung.
- Selbstsicherung am Besten mit Prohaska. Der Prusik klemmt an vereisten Seilen ungenügend.

Viele Eiskletterunfälle ereignen sich im Zu- und besonders im Abstieg. Auch wenn es dort flacher ist als im Eisfall, befinden wir uns oft in anspruchsvollem Gelände.
- Nach Bedarf sichern, auch beim Einhängen eines Toprope-Seils.
- Bei heiklen Fussabstiegen besser abseilen.
- Keine herabhängenden Schlingen am Anseilgurt. Es besteht die Gefahr, dass wir uns im Abstieg mit den Steigeisen darin verfangen.
- Genügend Zeit für Abstieg vorsehen und Stirnlampe mitführen.

Verhältnisse

Temperatureinfluss

Jede Temperaturänderung führt zu Spannungen im Eis, weil es sich bei Abkühlung pro °C um 0,05 ‰ zusammenzieht (eine 20 m hohe Säule verkürzt sich bei 10° Abkühlung um 1 cm).
In der zum Klettern massgebenden, äussersten Eisschicht entstehen schon bei grösseren Tag/Nacht-Temperaturschwankungen zusätzliche, unangenehme Spannungen.

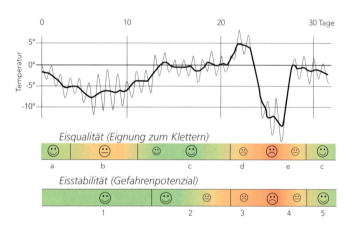

a Günstige, trockene Bedingungen dank kleiner Tag/Nacht-Temperaturunterschiede und konstanter Temperatur knapp unter 0°.
b Harte, splittrige Eisoberfläche infolge grösserer Tag/Nacht-Temperaturunterschiede bei relativ tiefen Temperaturen.
c Weiches, splitterarmes Eis dank anhaltender Durchschnittstemperatur von ca. -1° und Tagestemperaturen bis +2°.
d Plastische Eisoberfläche bei Durchschnittstemperatur über 0°. Nur für wasserdichte Kletterer.
e Der Temperatursturz verleiht dem Eisfall einen spannungsgeladenen, glasigen Mantel. Das Eis spaltet und bricht.

1 Wenig Spannungen im Eisfall bei konstant tiefen Temperaturen.
2 Anhaltende Temperaturen knapp unter 0° verringern nach der vorangegangenen Kälteperiode die Stabilität nicht wesentlich. Nach einer Wärmeperiode wäre Vorsicht geboten.
3 Erhöhte objektive Gefahren. Bei den Plustemperaturen «fault» der Eisfall (wenn länger dauernd, bis in den Kern).
4 Der Temperatursturz erzeugt grosse Spannungen. Säulen können bersten und es fallen vermehrt Eiszapfen. Schlagvibrationen breiten sich stark aus und können Brüche verursachen.
5 Bei konstanter Temperatur bauen sich die Spannungen mit der Zeit wieder ab.

Eisqualität

- Eis wächst am besten zwischen 0 und -3° und entwickelt dabei sein grösstes Volumen.
- Temperaturschwankungen und Kriechen des Eises erzeugen Spannungen im Eisfall.
- Kaltes Eis ist spröde und bricht wie Glas.
- Sonneneinstrahlung weicht die Eisoberfläche rasch auf. Längerfristig homogenisiert sich dabei das Eisgefüge.

Taktik

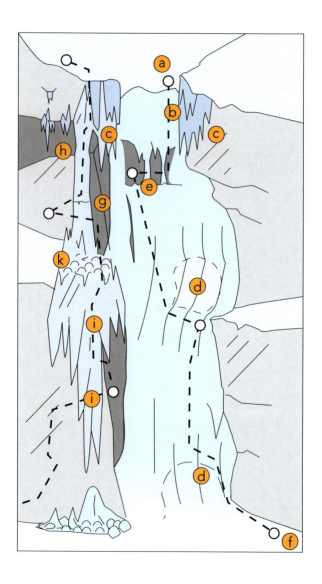

Steileis- und Mixedklettern

a) Eisfälle entstehen oft unterhalb von steilen, schattigen Rinnen und sind häufig durch Lawinen und Steinschlag gefährdet.

b) Vor dem Ausstieg, bei der letzten sich bietenden Gelegenheit, eine Zwischensicherung anbringen. Danach gibt es meistens nur noch Tiefschnee, dünne Eisplatten und Gras.

c) Irgendwann fallen die Zapfen!
- Erwärmung (Alarmzeichen: nasser Fels)
- Temperatursturz
- Andere Kletterer
- Wind
- Zapfen wachsen und werden schwerer (auch bei besten Verhältnissen!)

d) Auf Schnee- und Reiflinsen können ganze Eisplatten «abfahren». Sie sind oft schwierig zu erkennen:
- Hohler Klang
- Muldenförmiges, eher flaches Gelände

e) Standplatz an geschütztem Ort
- Sicherer Ort: Felsnische, hinter Säule, unter Wulst usw.
- Wo muss mein Seilpartner weiterklettern? Standplatz seitlich versetzt wählen.

f) Geschützter Ort zum Sichern:
- Unter Überhang
- Seitlich des Eisfalls (Eistrümmer springen manchmal weit weg und grosse Brocken rutschen danach noch den Hang hinunter).

g) Gebrochene Säulen sind frei hängende Zapfen.

(h) Säulen stehen oft unter Spannung:
- infolge Temperaturänderung,
- durch Fliessen des Eises, besonders auch am Sockel,
- je zarter die Säule, desto behutsamer die Klettertechnik. Dünne Säulen nur hooken, Zwischensicherungen möglichst im Fels.

(i) Eisschrauben nicht in Eiszapfen schrauben, dies könnte beim Abbrechen des ganzen Zapfens fatale Folgen haben.
- Schraube erst oberhalb des Kontaktpunktes mit dem Fels setzen.
- Stark überhängend: Schraube nur in Wurzel des Zapfens drehen, denn diese brechen meistens (aber nicht immer!) unterhalb.

(k) Unter grossen Zapfen und am Sockel von Säulen entsteht sprödes Blumenkohl-Eis.
- Besser nur hooken als schlagen.
- Sicherungen sind meistens unzuverlässig.

Sicherheit

- Den Helm schon in gebührender Entfernung vom Eisfall anziehen.
- Jeder Kletterer löst Eisstücke. Bei mehreren Seilschaften am Eisfall sich absprechen, ausweichen oder verzichten, aber niemals übereinander klettern.
- Auch beim Drytoolen Handschuhe tragen. Es besteht die Gefahr, die Hand mit dem anderen Pickel zu verletzen.
- Vorsicht bei Begehungen von Drytooling-Routen bei Plustemperaturen: Wenn der Fels nicht zusammengefroren ist, besteht im meistens brüchigen Fels eine erhöhte Gefahr, Felsblöcke auszureissen.
- Vorsicht beim Bouldern: Selbst wenn wir bei einem Pickelausbruch auf den Füssen landen, können wir uns immer noch mit dem ausgebrochenen Eisgerät am Kopf verletzen. Beim Sturz ins Seil ist diese Gefahr geringer.

 Sich nie ungeschützt im Eisschlagdelta eines Eiskletterers aufhalten. Grosse Brocken rutschen weit den Schnee hinunter.

Schwierigkeitsbewertung

Die Schwierigkeit eines Eisfalls hängt von den Verhältnissen ab, und kann leichter oder viel schwieriger sein als angegeben. Eine feinere Unterteilung der Schwierigkeitsskala, etwa mit + und -, ist damit hinfällig.

Winter Ice (WI)

WI 1   Einfaches Eis bis max. 60°
WI 2   Eine Seillänge um 60–70° in gutem Eis mit kurzen, steilen Abschnitten.
WI 3   Immer noch gutes, homogenes, dickes Eis. 70–80° mit kurzen, steileren Aufschwüngen. Gute Sicherungsmöglichkeiten.
WI 4   Durchgehend 75–80° oder senkrechtes Steilstück. In der Regel gutes Eis mit zufriedenstellenden Sicherungsmöglichkeiten.
WI 5   Eine deutlich steilere Seillänge (85–90°) in meistens noch gutem Eis.
WI 6   Anhaltend steile Seillänge ohne Ruhepunkte in schlechtem Eis (z. B. Röhreneis). Zwischensicherungen sind unzuverlässig.
WI 7   Senkrechte bis überhängende Seillänge in sprödem, minderwertigem Eis. Sichern ist schwierig oder unmöglich.

Mixed (M)

Ähnlich wie bei der Schwierigkeitsbewertung im Fels werden auch die Schwierigkeiten im Drytoolen und Mixedklettern mit einer Vergleichsskala von M1 bis M12 (Stand 2004) angegeben.

Rettung

Erste Hilfe	210
Evakuieren	218
Biwak	220
Lawinenrettung	224
Spaltenrettung	236
Organisierte Rettung	245

Erste Hilfe

Geschrieben durch Experte Hans Jacomet, leitender Arzt Rega.

Was tun bei einem Unfall oder einer Krankheit im Gebirge?

Ruhe bewahren, Übersicht gewinnen

Schauen – Situation überblicken:
- Was ist geschehen? Lawine, Sturz...
- Wer ist wie beteiligt? Unfall oder Erkrankung, wie viele Opfer?
- Wer ist wie betroffen? Schwerer Unfall mit Lebensgefahr?

Denken – Gefahren erkennen: Absturz, Nachlawinen usw.
- Gefahr für Helfer?
- Gefahr für weitere Personen?
- Gefahr für das Opfer?

Handeln
- Für die eigene Sicherheit sorgen.
- Opfer an sicheren Ort bringen oder sichern.
- Kurze Beurteilung der Opfer.

⇨ Bei Unfällen im Gebirge müssen wir die Opfer vor Kälte und Nässe schützen und gegebenenfalls gegen Absturzgefahr sichern oder evakuieren.

Alarmieren

Je besser die Alarmierung, desto schneller erreicht uns die richtige Hilfe (siehe S. 245).

Lebenswichtige Funktionen prüfen

Den Patienten ansprechen oder leicht kneifen. Wenn der Patient nicht antwortet, stellen wir uns folgende Fragen (ABC-Schema):

Atemwege frei?

Vorsichtige Mundinspektion, sichtbare Fremdkörper unverzüglich entfernen. Kopf vorsichtig nach hinten strecken und Kinn anheben. Dabei die Halswirbelsäule möglichst wenig bewegen und mit einer Hand stabilisieren. Falls ein zweiter Helfer vorhanden ist, stabilisiert dieser die Halswirbelsäule mit beiden Händen.

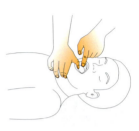

Beatmung notwendig?

Den Patienten beobachten: Sind sichtbare Atembewegungen vorhanden? Mit einem Ohr an der Nase und am Mund des Patienten horchen, ob er atmet. Wenn keine Atmung vorhanden ist oder Zweifel an der Atmung des Patienten bestehen, sofort mit der Beatmung beginnen:

Den Patienten in Rückenlage bringen. Kopf vorsichtig leicht nach hinten strecken, Unterkiefer gegen Oberkiefer drücken und Mund mit dem Daumen schliessen.

10–12-mal/Minute

Beatmung Mund (Retter) zu Nase (Patient). Vorsichtig und nicht mit zuviel Druck beatmen. Pro Minute 10–12 Atemstösse. Soviel Luft einblasen (beamten) bis sich der Brustkorb sichtbar hebt.

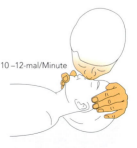

Circulation vorhanden?

Zeigt der Patient keine Lebenszeichen, dann besteht mit grosser Wahrscheinlichkeit ein Herz-Kreislaufstillstand. Ausgebildete Helfer können versuchen, den Puls zu tasten, aber ohne dafür wertvolle Zeit zu verlieren.

Wenn kein Kreislauf oder keine Lebenszeichen vorhanden sind, beginnen wir unverzüglich mit der Herz-Lungen-Wiederbelebung (Reanimation).

- Ausgebildete Helfer komprimieren dazu 30-mal den Brustkorb des Patienten und beatmen dann den Patienten 2-mal.
- Nicht ausgebildeten Helfern empfehlen wir dringend den Besuch eines Reanimationskurses.

Wenn der Patient reagiert oder Lebenszeichen aufweist, hat er mit Sicherheit keinen Herz-Kreislaufstillstand. Wenn er keine Antwort gibt, ist er **bewusstlos.**
- Jeden Bewusstlosen in stabile Seitenlage bringen.
- Jeder Bewusstlose ist ein potentieller Rückenverletzter ➙ vorsichtig umlagern.

Gesamtbeurteilung des Patienten

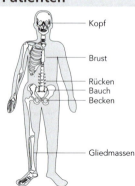

Patienten systematisch von Kopf bis Fuss untersuchen auf:

- Schmerzende Stellen?
- Schwellungen?
- Abnorme Stellung von Gliedmassen?
- Blutungen?
- Wunden?
- Gefühlsstörungen?
- Bewegungseinschränkungen?

Weitere Massnahmen

Blutungen stillen, Wunden verbinden

Eine starke Blutung kann zu einem
lebensbedrohenden Schockzustand
führen.
- Starke Blutungen mit einem
  Druckverband stillen.
- Wunden möglichst steril
  verbinden.

Richtig lagern

Die richtige Lagerung hilft mit, eine drohende Lebensgefahr abzuwenden, einen verletzten Körperteil ruhig zu stellen und Schmerzen zu lindern.

Schocklagerung

Falls der Patient einen schwachen und
raschen Puls aufweist und kalt schwitzt, besteht der Verdacht auf einen Schockzustand.
- Patienten mit Kopf und Oberkörper
  flach lagern.
- Beine wenn möglich anheben.

Verdacht auf Rückenverletzung

Bei Verdacht auf eine Rückenverletzung:
Patienten vorsichtig flach lagern.
- Diese Lagerung nur anwenden, wenn
  genügend geschulte Helfer vorhanden sind.
- Die Halswirbelsäule ist dabei zu stabilisieren.

Lagerung mit erhöhtem Oberkörper

Diese Lagerung ist angezeigt bei:
- Anzeichen von Atemnot
- Verdacht auf Brustkorbverletzung
- Herzprobleme
- Hitzschlag

Lagerung bei inneren Verletzungen

Bei Verdacht auf innere Verletzungen lagern wir den Patienten mit angewinkelten Beinen.

 Verschiedene Lagerungen können auch kombiniert werden.

⇨ Patienten optimal vor Kälte und Nässe schützen!

Verletzungen stabilisieren

Die gute Fixation eines verletzten Gliedes ist die beste Schmerzbehandlung. Bei der Fixation eines gebrochenen Knochens fixieren wir die Verletzung (Fraktur) und die beiden benachbarten Gelenke.

Im Gebirge eignet sich besonders der Sam-Splint® für Fixationen.
- Schiene in der Mitte falten, so dass wir zwei Flügel erhalten.
- Zum Verstärken der Schiene mit dem Daumen aus beiden Flügeln eine U-förmige Schale formen.
- Schiene um das verletzte Glied legen und mit elastischen Binden oder Pflaster sichern.

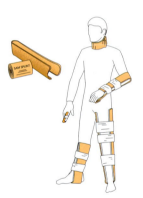

Spezielle Anwendungen

- Bei Verdacht auf Verletzungen der *Halswirbelsäule* die Schiene locker um den Hals wickeln, um die Halswirbelsäule behelfsmässig zu stabilisieren. Beim Anlegen der Schiene den Kopf festhalten, um ihn nicht unnötig zu bewegen.
- Zur Ruhigstellung von *Handgelenk und Unterarm* die Schiene auch um den Ellenbogen legen.
- Zum Schienen des *Sprunggelenks* falten wir die Schiene um den Fussballen.

 Um ein *Bein oder Knie* ruhig zu stellen, benötigen wir zwei Sam-Splints.

 Nothilfe bei Beinbruch: Skistöcke als Schiene verwenden, beide Beine zusammenbinden. Bei Armbruch: Arm am Körper fixieren.

Überwachung des Patienten

Benötigen wir professionelle Hilfe, so überwachen wir den Patienten bis zum Eintreffen der Helfer. Auch während des Abtransports kontrollieren wir den Allgemeinzustand einer verletzten oder kranken Person regelmässig. Bei einer Veränderung des Zustandes handeln wir unverzüglich. Wird z.B. der Patient bewusstlos, bringen wir ihn unverzüglich in Seitenlage.
Die Überwachung des Patienten ist ohne Hilfsmittel möglich:

Ansprechbarkeit:	Gibt der Patient immer klar Antwort, trübt er ein oder wird er bewusstlos? War er bewusstlos und erwacht allmählich?
Puls:	Pulsfrequenz, Pulsstärke, Regelmässigkeit
Atmung:	Atemfrequenz, Atembewegungen, Zeichen der Atemnot
Pupillen:	Reaktion, Weite, Symmetrie der Pupillen
Haut:	Hautfarbe, Schweiss, Temperatur

Wir dürfen einem Patienten uns bekannte Schmerzmittel geben, am besten solche in Tropfenform. Zusammenstellung der Tourenapotheke siehe S. 254.

Kälteschäden

Allgemeine Unterkühlung (Hypothermie)

Bei Kälte, Wind und Nässe sind erschöpfte oder verletzte Personen besonders anfällig auf Unterkühlung. Wir müssen den Patienten immer vor weiterer Auskühlung schützen (siehe S. 223). Je nach Schwere der Unterkühlung unterscheiden wir folgende Zustände:

Stadium 1:
Klares Bewusstsein, Kältezittern

Droht die Körpertemperatur stark zu sinken, so versucht der Körper durch Kältezittern Wärme zu erzeugen. In diesem Stadium treffen wir folgende Massnahmen:
- Der Patient darf sich unter Kontrolle vorsichtig bewegen.
- Heisse, süsse Getränke verabreichen.

Stadium 2, 3:
Kein Kältezittern mehr, getrübtes Bewusstsein oder bewusstlos

Bei weiterer Auskühlung versucht der Körper, die Temperatur wenigstens in seinem Kern zu erhalten. Er konzentriert die Blutversorgung auf die inneren Organe und drosselt die Durchblutung der Peripherie.

Bergungstod: Bewegen wir einen solchen Patienten unvorsichtig, gelangt kaltes Blut aus den Extremitäten in den Kern und kann zum Herzstillstand führen. Massnahme: Beatmung und Herzmassage.

- Heisse Getränke nur, wenn Patient sicher schlucken kann.
- Möglichst nicht bewegen (→ Gefahr von Bergungstod).
- Kontinuierlich überwachen.

Stadium 4:
Scheintot: kein Puls, keine Atmung

- Beatmung und Herzmassage.

⇨ Ein unterkühltes Unfallopfer mit Kreislaufstillstand wird wiederbelebt. Die Kälte schützt die lebenswichtigen Organe vor Sauerstoffmangel. Der Tod darf nur im Spital nach Wiedererwärmung festgestellt werden.

Örtliche Erfrierungen

Bei Kälte, Wind und Nässe sind ausgesetzte Körperstellen wie Nase, Wangen und Ohren sowie Hände und Füsse besonders gefährdet.
Im Gelände können wir den Schweregrad der Erfrierung nicht beurteilen. Bei leichten Erfrierungen kommt das Gefühl nach dem Auftauen zurück («Kuhnagel»), bei schwereren Erfrierungen nicht.

Erkennen

Erfrorene Stellen sind grau-weiss und gefühllos. Wir erkennen sie wie folgt:
- Selbstkontrolle: Gefühl und Farbe der Zehen, Finger und Nase.
- Sich gegenseitig überwachen, ob weisse Flecken in Gesicht oder Ohren auftreten.

Behandlung unterwegs
- Einengende Bekleidung und Schuhe lockern, nasse Kleider wechseln.
- Bewegung und trockene Massage.
- Warme Getränke.

> Erfrorene Stellen nie mit Schnee einreiben.

Behandlung in der Hütte
- Im handwarmen Wasserbad auftauen.
- Steriler Verband.
- Genügend trinken.
- Schmerzmittel nach Bedarf.
- Erfrorene Füsse: Patient darf nicht gehen.
- Arzt oder Spital aufsuchen, falls erfrorene Stellen gefühllos bleiben.

> Rauchen und Alkohol erhöhen das Risiko von Kälteschäden.

Blasen und Druckstellen

Blasen an den Füssen sind nichts Bedrohliches, aber schmerzhaft und häufig. Behandeln wir sie nicht korrekt, besteht die Gefahr einer Infektion. Blasen verhindern wir wie folgt:
- Neue Schuhe gründlich eintragen und dabei herausfinden, wie stark wir den Innenschuh und die Schale festziehen müssen.
- Feine Innensocken oder Socken mit Frotteepolster anziehen.
- Bei Anzeichen von Druckstellen sofort den Schuh neu binden.
- Druckstellen rechtzeitig abpflastern.

Behandlung:
- Blase nicht aufstechen, sondern mit «Compeed» abkleben und dieses die nächsten Tage auf der Wunde belassen.
- Geplatzte Blasen desinfizieren, dann sauber abdecken.

Evakuieren

Bei Flugwetter werden Verletzte je nach Schwere der Verletzung mit dem Helikopter ausgeflogen (siehe S. 245 Abschnitt «Alarmierung»). Bei schlechtem Wetter dauert die organisierte Rettung länger. Wir wägen ab, ob wir den Patienten an einem geschützten Ort betreuen und auf die organisierte Rettung warten können, oder ob wir ihn selber abtransportieren müssen. Letzteres ist bei einem nicht gehfähigen Patienten ein schwieriges und schmerzhaftes Unterfangen.

Rettungsschlitten mit Skis

Skis mit Löchern in Spitzen und Enden erleichtern die Arbeit. Zusätzlich benötigen wir Folgendes:
- Lawinenschaufel mit Bohrungen in Blatt und Stiel;
- einige Meter Reepschnur;
- ein rund 15 Meter langes Zug- und Bremsseil;
- einen Biwaksack, um den Verletzten zu schützen;
- mehrere Helfer zum Ziehen und Bremsen.

Tipps und Kniffs:
- Kein Loch in Skispitze: Karabiner über Skispitzen legen und mit Reepschnur zur Skibindung zurückspannen.
- Den Verletzten mit Klebfellen am Schlitten fixieren.
- Zug-Bremsseil an den Bindungen befestigen. Bei Schrägfahrt unteres Seil über den Verletzten nach oben führen, um ein Kippen des Schlittens zu verhindern.
- Ein Vorfahrer kundschaftet die Abfahrt aus, um Gegensteigungen zu vermeiden.

 Bei Übungen verwenden wir starke Skis und Stöcke. Wir verspannen nicht allzu fest, weil diese sonst beschädigt werden.

Abtransport ohne Rettungsschlitten

Ohne Skis können wir keinen Rettungsschlitten bauen und die Evakuation gestaltet sich noch schwieriger.
- Bei mässig geneigtem Gelände können wir den Verletzten in den Biwaksack packen und in der Falllinie nachziehen.
- Zwei Retter stehen nebeneinander und schieben mehrere Stöcke quer durch die Rucksackträger, von einem Rucksack zum andern. Die Stöcke werden gepolstert, der Verletzte setzt sich darauf und hält sich um die Schultern der Retter.

] Weitere Tragarten siehe «Bergsport Sommer».

Biwak

Geplantes Biwak

In den Schweizer Alpen gibt es kaum noch Täler ohne Berghütten. Im Zelt ist es zwar kälter, aber wir ersparen uns die ca. 2–3 Stunden Bauzeit für ein Schneebiwak. Rein alpinistisch ist ein geplantes Biwak also kaum nötig. Ausgerüstet mit Schlafsack, Isoliermatte und Kocher ist es aber ein besonderes Erlebnis.

Schnee isoliert hervorragend. Liegt die Oberkante des Eingangs tiefer als die Liegefläche, so schaffen wir uns eine Warmluftglocke (die von uns erwärmte Luft steigt auf) und erreichen Temperaturen über dem Gefrierpunkt. Eine ausgeglättete Innenwand verhindert tropfendes Schmelzwasser, ein Luftloch gewährleistet die Sauerstoffversorgung. Wir müssen es offen halten, besonders wenn die Wände bei einem mehrtägigen Aufenthalt vereisen.

Schneehöhle

Am schnellsten bauen wir eine Schneehöhle in einer geeigneten Wechte:
- Schneetiefe sondieren.
- Von oben und unten graben, bis sich die Löcher treffen.
- Skis im schrägen unteren Eingangsloch dienen als Rutschbahn für den Aushub (Skistopper entfernen oder zurückbinden).
- Oberes Loch verschliessen: Von innen mit dem Rücken blockieren, vorsichtig mit Schnee überhäufen und mit leichten Schaufelschlägen verdichten.
- Innenseite ausglätten und mit der Sonde ein Luftloch stechen.

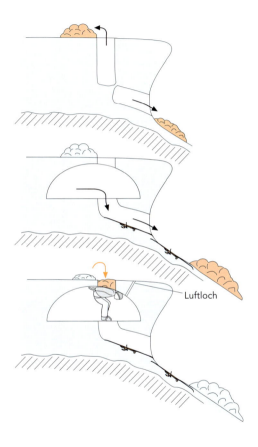

Luftloch

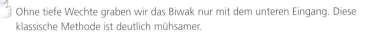
Ohne tiefe Wechte graben wir das Biwak nur mit dem unteren Eingang. Diese klassische Methode ist deutlich mühsamer.

Iglu

Der Bau ist aufwändiger als das Graben einer Biwakhöhle und bei nicht bindendem Schnee schwierig, aber auch bei wenig Schnee möglich. Eine Säge ist sehr nützlich.

- Schnee im «Bergwerk» und im Bereich des Biwaks festtreten oder den lockeren Schnee entfernen, um auf gebundene Schneeschichten zu stossen.
- Schnur von ca. 1,2 m Länge in der Mitte des Iglus am Boden befestigen. Sie zeigt die Innenseite des Iglus an.
- Im «Bergwerk» Blöcke von ca. 50 x 40 x 20 cm stechen oder besser sägen.
- Blöcke kreisförmig aufschichten und Zwischenräume fortlaufend mit Schnee verfüllen.
- Wenn genügend Schnee liegt: Siphonartigen Eingang unter der Iglumauer hindurch graben.

 Von aussen mit der Schaufel Schnee an das fertige Iglu werfen, verbessert die Isolation.

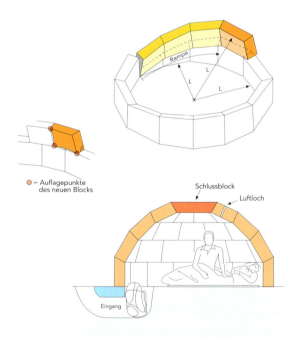

Notbiwak

Wenn wir infolge Unfall, einbrechender Dunkelheit, Verirren oder Lawinengefahr blockiert sind, schützen wir uns in einem Notbiwak vor Kälte und Wind. Wenn irgend möglich, graben wir eine Schneehöhle, notfalls ein Schneeloch. Mangels Wärmeglocke ist dieses aber deutlich kälter.

Schutz vor Unterkühlung

Verletzte und erschöpfte Personen müssen wir besonders gut vor dem Auskühlen schützen. Dazu gehört:
- An geschützten Ort bringen: Windschatten oder besser Schneehöhle.
- Warme und trockene Kleidung anziehen.
- Wenn möglich, einen Biwaksack einsetzen. Rettungsdecken sind bei starkem Wind schwierig handhabbar.
- Auf gut isolierende Unterlage betten.
- Heisse, gezuckerte Getränke geben (nur wenn Patient noch sicher schlucken kann!).
- Körperwärme von anderen Gruppenmitgliedern.

Medizinische Versorgung von Unterkühlten siehe Abschnitt «Erste Hilfe».

Lawinenrettung

Verhalten bei Lawinenabgang

- Wegfahren (-rennen): Vor allem möglich bei Lockerschneerutschen, oder wenn wir uns ganz am Rand oder in der Sturzbahn der Lawine befinden.
- Wenn möglich Skis und Stöcke weg. Fangriemen verunmöglichen ein rasches Befreien von den Skis → besser Stopper verwenden. Vorteilhaft ist, wenn die Stöcke gar nicht erst in den Schlaufen gehalten wurden.
- Versuchen, oben auf der Lawine zu bleiben, sich gegen den Schnee wehren. Wenn das nicht geht:
- Kauerstellung mit Händen vor Mund und Nase einnehmen. Damit verkürzen wir unsere Hebelarme und schützen die Lunge vor Schneestaub.

Wettlauf mit der Zeit

30% der Lawinenopfer sterben an Verletzungen, unter ihnen auch Teil- oder Unverschüttete. Von den nicht tödlich Verletzten überleben beinahe alle die ersten 15 Minuten. Die meisten Totalverschütteten sterben in den nächsten 20 Minuten an Ersticken. Die wirkungsvollste Rettung ist die (geübte!) Kameradenrettung mit LVS, Sonde und Schaufel. Zudem alarmieren wir sofort die organisierte Rettung auch wenn es eine gewisse Zeit dauert, bis diese den Unfallplatz erreicht.

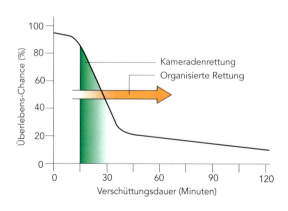

Organisation auf Unfallplatz

- Beobachten, Verschwindepunkt merken.
- Übersicht gewinnen, weitere Gefahren abklären.
- Der Erfahrenste übernimmt die Leitung und organisiert die Gruppe.
- Mindestens einer beginnt sofort mit Suchen. Mit Auge, Ohr und LVS.
- Alarmierung mit Funk, Handy oder Meldeläufer (wenn möglich zu zweit).
- Wer unmittelbar mit der Suche beginnt, stellt sein LVS auf «Suchen». Alle anderen schalten ihr LVS ganz aus (gewisse LVS schalten sonst nach einigen Minuten selbständig von Suchen auf Senden um). Der Chef kontrolliert, ob kein LVS mehr sendet.
- Der Chef koordiniert den Einsatz der Leute, die Aufteilung der Suchstreifen und die Bereitstellung von Schaufeln und Sonden.
- Feinsuche mit LVS und Sonde. Bei mehreren Verschütteten: LVS-Suche nach anderen Opfern fortsetzen.
- Grosszügig schaufeln.
- LVS des ausgegrabenen Opfers sofort abstellen und sicher stellen, dass alle Opfer gefunden wurden.
- 1. Hilfe (ABC; falls notwendig, rasch mit Beatmung und gegebenenfalls Herzmassage beginnen).
- Schutz vor Unterkühlung.
- Wer von einer Lawine erfasst wurde, sollte zur Kontrolle einen Arzt aufsuchen. Ganz Verschüttete mit dem Heli ins Spital transportieren.

Suchen mit LVS: Grundlagen

Die verschiedenen LVS unterscheiden sich erheblich in Funktionen und Handhabung. Die physikalischen Grundlagen sind aber bei allen Geräten gleich. Darauf basieren die in der Folge vorgeschlagenen, nicht gerätespezifischen Suchmethoden.

Feldlinien

Alle Geräte besitzen eine Sendeantenne, welche elektromagnetische Wellen aussendet. Der Verlauf dieser Wellen kann mit Feldlinien veranschaulicht werden (siehe Abbildung S. 228). Im Suchmodus werden die Signale mit einer oder mehreren Antennen empfangen.
- Je näher die einzelnen Feldlinien beieinander liegen, desto stärker ist das Signal (d.h. je näher beim Sender, desto stärker).
- Eine Antenne empfängt nur den parallel zu ihr liegenden Teil der Feldlinie. Steht die Antenne senkrecht zur Feldlinie, so empfängt sie nichts.

Gerätetypen

Ältere LVS verfügen über eine einzige Empfangsantenne und verstärken das Signal analog. Sie zeichnen sich durch eine grosse Reichweite aus. Damit das Signal nicht ändert, wenn wir uns drehen, halten wir das Gerät bei der Grob- und Feinsuche vertikal.

Digitale LVS machen nur mit mehreren, quer zueinander angeordneten Empfangsantennen Sinn. Diese Geräte werden waagrecht gehalten. Jede Antenne empfängt die Signalstärke in ihrer Richtung, woraus der lokale Verlauf der Feldlinie berechnet und im Display angezeigt wird. Aus der Empfangsstärke wird die ungefähre Distanz entlang der Feldlinie bestimmt.

Die modernsten LVS besitzen drei Empfangsantennen. Dies erleichtert sowohl die Feinsuche als auch die Suche bei Mehrfachverschüttungen wesentlich.

⇨ Alle heute erhältlichen LVS senden auf derselben Frequenz (457 kHz) und sind grundsätzlich miteinander kompatibel. Moderne Drei-Antennen Geräte können aber unter Umständen Mühe haben, das Signal von alten Analoggeräten zu empfangen, wenn diese neben der Soll-Frequenz senden.

⇨ Wichtig ist nicht, welches Gerät wir verwenden, sondern dass wir dessen Anwendung beherrschen.

Signalsuche

Ein Lawinenkegel ist meistens grösser als die Reichweite des LVS, so dass wir zuerst ein Signal suchen müssen. Wir bewegen uns schnell entlang der unten aufgezeichneten Suchmuster und drehen das LVS dabei langsam horizontal und vertikal um 180°. Damit erreichen wir ab und zu eine günstige Lage der Antenne(n) zu den Feldlinien, was unsere Reichweite erhöht. Nach dem Empfang des ersten Signals behalten wir die Antennenlage bei und gehen weiter, bis das Signal stabil ist.

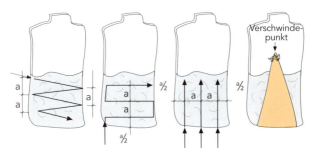

Suchstreifenbreite **a**
Die praktisch nutzbare Suchstreifenbreite (a) ist kleiner als die maximale Reichweite. Sie ist gerätespezifisch und wird vom Hersteller angegeben. Als Faustregel gilt:
- 40 m für Drei-Antennen LVS sowie für alle LVS mit Analogton
- 20 m sonst (rein digitale Zwei-Antennen Geräte)

⇨ Zuerst den primären Bereich absuchen: vom Verschwindepunkt in Fliessrichtung der Lawine.

Sobald wir ein stabiles Signal empfangen, markieren wir den Ort und verlassen hier das Suchmuster der Signalsuche. Ab jetzt halten wir das LVS immer gleich. Das weitere Vorgehen ist abhängig vom LVS-Typ, mit dem wir suchen.

Die Ortung eines LVS ist wie der Landeanflug auf einen Flugplatz:
- Keine abrupten Kursänderungen oder ruckartigen Bewegungen.
- Je näher wir dem Ziel kommen, desto langsamer und präziser bewegen wir uns.
- Je näher, desto tiefer. Unter ca. 5 m Distanzanzeige halten wir unser LVS auf die Schneeoberfläche.

Ortung mit Drei-Antennen LVS

Moderne Drei-Antennen Geräte[1] ermöglichen eine einfache Ortung mit dem «Feldlinienverfahren». Sie werden, mit dem Display nach oben, gerade vor dem Körper gehalten. Das Gerät zeigt direkt Richtung und Distanz entlang der Feldlinie an. Nimmt zu Beginn der Suche die Distanz zu, so drehen wir uns um 180°.

[1] Im Herbst 2007 waren dies «Pieps DSP» und «Mammut Pulse Barryvox». Ein weiteres Gerät, bei dem die Lage der Sender auf einem Display angezeigt wird und das ein direktes Zugehen zum Verschütteten (nicht entlang der Feldlinien) ermöglicht, ist in Entwicklung.

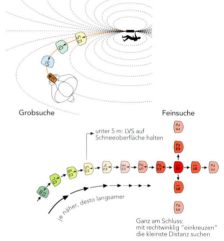

Wir folgen dem Pfeil gleichmässig, ohne ruckartige Bewegungsänderungen. Je näher wir dem Ziel kommen, desto langsamer bewegen wir uns. Ab einer Distanzanzeige von weniger als etwa 5 m führen wir unser LVS der Schneeoberfläche entlang. Damit erhöhen wir die Suchgenauigkeit wesentlich. Wenn die angezeigte Distanz plötzlich wieder zunimmt oder der Richtungspfeil verschwindet, befinden wir uns in unmittelbarer Nähe des Opfers. Durch rechtwinkliges Einkreuzen suchen wir die kleinste Distanzanzeige, wobei wir eine eventuelle Richtungsangabe ignorieren. Bei der tiefsten Zahl beginnen wir mit Sondieren[2], siehe S. 232.

[i] Drei-Antennen LVS vereinfachen die Suche nach mehreren Verschütteten wesentlich, siehe S. 234.

⇨ Auch wenn die Suche mit modernen Drei-Antennen Geräten etwas einfacher ist, müssen wir sie trotzdem regelmässig üben!

[2] Unabhängig vom Fabrikat gibt es bei Drei-Antennen LVS grundsätzlich keine Nebenminima.

Ortung mit Zwei-Antennen LVS

Grobsuche: Feldlinienverfahren
Zunächst erfolgt die Ortung wie für Drei-Antennen LVS mit dem Feldlinienverfahren, siehe S. 228. Wir markieren das so gefundene Minimum. Bei einer Distanzanzeige unter etwa 1,5 bis 2,0 m sondieren und graben wir direkt hier (siehe S. 232).

Feinsuche bei Tiefverschüttung: gerade weitergehen
Das Opfer liegt normalerweise nicht direkt unter dem gefundenen 1. Minimum. Zeigt die Distanzanzeige noch mehr als ca. 1,5 bis 2,0 m, so liegt eine tiefere Verschüttung vor und wir suchen wie folgt weiter:
- *In gleicher Richtung* so viele Meter weitergehen, wie die Distanzanzeige am 1. Minimum anzeigt. Die Richtungsanzeige wird nicht mehr beachtet.
- Nimmt die Distanz plötzlich wieder ab, nähern wir uns einem 2. Minimum.
- Dieses mittels Einkreuzen suchen und markieren.
- Normalerweise liegt das Opfer unter dem Minimum mit der kleineren Distanzanzeige, bei annähernd senkrechter Sendeantenne zwischen den beiden gefundenen Minima.

Suche nach mehreren Verschütteten siehe S. 234.

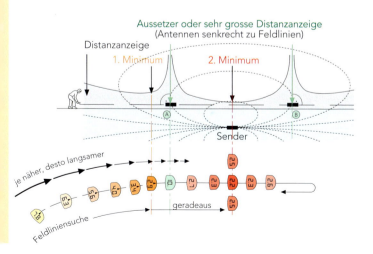

Ortung mit analogem LVS

Grobsuche: Einkreuzen

Suchmuster
Maxiton: Auf einer Geraden das lauteste Signal suchen.
Reduktion: Lautstärke auf «gerade noch gut hörbar» zurückschalten.
Senkrecht davon: Rechtwinklig zur bisherigen Richtung weitersuchen.

Beachte
- Analoge LVS vertikal halten.
- Schnell suchen, die Lautstärke ändert nur, wenn wir uns bewegen.
- Leise suchen, so sind Lautstärkenunterschiede deutlicher hörbar.

Im Nahbereich (etwa ab drittleisester Stufe, je nach Gerätetyp) halten wir das LVS weiterhin vertikal, jetzt aber direkt auf die Schneeoberfläche. Mittels Einkreuzen das (Ton-)Maximum[1] suchen und markieren. Sind wir schon nahe beim Opfer (Ton auf der zweitkleinsten Stufe klar hörbar, je nach Gerätetyp), sondieren und schaufeln wir direkt hier (siehe S. 232).

---

[1] Je näher beim Sender, desto lauter der Ton. Die gesuchte kleinste Distanz entspricht damit dem (Ton-)Maximum.

Tiefverschüttung: Feinsuche im Kreis

Das Opfer liegt normalerweise nicht direkt unter dem gefundenen 1. Maximum. Sind wir beim gefundenen, 1. Maximum noch weit vom Sender entfernt (Ton auf der zweitkleinsten Stufe nicht klar hörbar), liegt eine tiefere Verschüttung vor und wir suchen wie folgt weiter:

- Beim 1. Maximum Lautstärke so einstellen, dass Ton gerade noch gut hörbar ist.
- Zurück gehen, bis der Ton nicht mehr hörbar ist und dann noch die halbe Distanz weiter.
- In einem Kreis um das 1. Maximum gehen, bis der Ton wieder deutlich hörbar wird.
- Einkreuzen führt uns zum 2. Maximum.
- LVS jetzt horizontal halten, die Antenne zeigt auf beide Maxima. Das Opfer liegt ungefähr unter dem lautesten Ton entlang der Verbindungsgeraden.

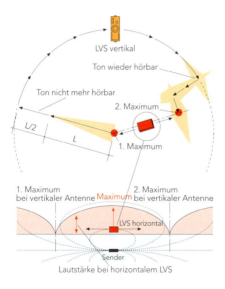

Finden wir kein 2. (Ton-)Maximum, so steht die Sendeantenne vertikal und das Opfer befindet sich direkt unter dem 1. (Ton-)Maximum.

] Suche nach mehreren Verschütteten siehe S. 234

Sondieren

Eine Sonde erleichtert die genaue Lokalisierung des Verschütteten. Wir markieren den mit dem LVS bestimmten Startpunkt und sondieren systematisch, wobei wir die Sonde senkrecht zur Schneeoberfläche einstecken. Bei Treffer: Sonde stecken lassen und sofort graben.

Bei älteren Sondentypen dauert das Verschrauben der einzelnen Elemente zu lange. Sie sind zu ersetzen.

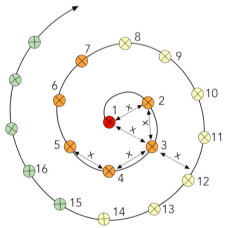

x = 30 cm

Raster beim Sondierer

Ausgraben

Für die Bergung brauchen wir ein grosses Loch. Ein solches haben wir auch schneller gegraben als einen engen Schacht. Besonders schnell ist die V-Grabtechnik *[Genswein und Eide, 2007]*, bei der wir, von der Spitze des V bei der (stecken gelassenen) Sonde ausgehend, den Schnee hangabwärts schaufeln:

- Länge des V:
    - 2 x Verschüttungstiefe bei flacher Ablagerung
    - 1 x Verschüttungstiefe bei steiler Ablagerung
- Grabmannschaft V-förmig aufstellen
- Anzahl Retter: 1 Retter pro 80 cm Länge des V, aber mindestens 2
- Mannschaft etwa alle 4 Minuten rotieren
- Sobald der Kopf freigelegt ist mit Erster Hilfe beginnen (siehe S. 210), schon während andere Retter das Opfer fertig ausgraben. Wenn genügend Retter: grosszügig frei schaufeln, um Zugang der organisierten Rettung zu verbessern.

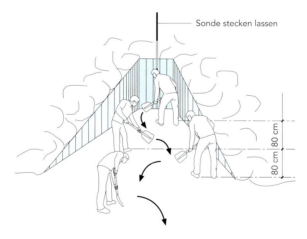

Schaufeln «was das Zeug hält», aber Verschütteten dabei nicht unnötig zertrampeln. Auf Atemhöhle achten.

Wer sein LVS beherrscht, benötigt mehr Zeit zum Graben als zum Suchen. Eine moderne Schaufel mit gekrümmtem Metallblatt und einem langen (evtl. ausziehbaren) Stiel mit Griff ist unverzichtbar.

Mehrere Verschüttete

Bei mehr als der Hälfte der ganz Verschütteten sind noch weitere Personen verschüttet. Das Orten von mehreren, nahe beieinander gelegenen LVS ist ungemein schwieriger als das Auffinden eines einzelnen Geräts und muss regelmässig geübt werden.

Ein Retter

Sobald der Retter ein Opfer ausgegraben hat, schaltet er dessen LVS aus. Danach setzt er die Signalsuche dort fort, wo er sie verlassen hat (Markierung).

Mehrere Retter

Wir suchen gleichzeitig nach allen LVS. Während das erste Opfer ausgegraben wird, setzen andere Retter die Suche nach weiteren Verschütteten fort.

Annäherung von anderer Seite
Sucher, die innerhalb ihres Suchstreifens niemanden gefunden haben, helfen in einem Suchstreifen mit möglicherweise mehreren Verschütteten. Durch das Annähern von einer anderen Seite her haben sie gute Chancen, zuerst auf ein anderes Opfer zu stossen.

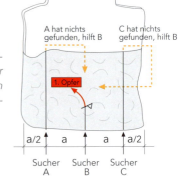

Mehrfachverschüttung und mehrere Retter: Während das erste Oper ausgegraben wird, Signalsuche von anderen Seiten der Lawine her durchführen.

Weitersuchen mit Drei-Antennen LVS
Um nach weiteren Verschütteten zu suchen, während ein geortetes Opfer ausgegraben wird, gehen wir mit einem Drei-Antennen LVS wie folgt vor:
Der Sucher tritt 1 bis 2 m zur Seite und blendet das soeben geortete LVS aus (gerätespezifisches Vorgehen, siehe Gebrauchsanleitung). Dabei muss das LVS mehrere Sekunden lang still gehalten werden. Danach führt uns das LVS direkt zu einem weiteren Verschütteten, sofern sein Signal in Reichweite liegt.

> Besonders wenn mehrere analoge LVS senden, kann es vorkommen, dass das Ausblenden nicht funktioniert. Ursache sind die langen Sende-Impulse dieser älteren LVS, die schwierig voneinander zu separieren sind. In solchen Fällen wenden wir die Drei-Kreis-Methode an.

Weitersuchen mit Drei-Kreis-Methode

① 3 m (ca. eine Sondenlänge) vom georteten Opfer wegtreten. Gerät auf Schneeoberfläche halten: Analoggeräte senkrecht, Mehrantennengeräte parallel zur Schneeoberfläche.
② Bei analogem LVS: Ton so einstellen, dass wir ihn gerade noch gut hören.
③ In einem Kreis um das gefundene Gerät herumgehen.
④a Wenn die Distanzanzeige plötzlich *deutlich*[1] abnimmt (bzw. der Ton *deutlich*[1] lauter wird): Feinsuche beginnen, sie führt zu einem weiteren Opfer.
④b Wenn die Anzeige auf dem ganzen 1. Kreis ähnliche Werte lieferte, suchen wir den 2. Kreis ab: 3 m zurücktreten, weiter mit Punkt 2.
④c Wenn die Anzeige auf dem ganzen 2. Kreis ähnliche Werte lieferte, suchen wir den 3. Kreis ab: 3 m zurücktreten, weiter mit Punkt 2.
⑤ Finden wir auch auf dem 3. Kreis nichts, so setzen wir die Signalsuche im primären Suchmuster fort.

> Lawinenrettung will geübt sein. Besser ist es aber, gar nicht erst verschüttet zu werden. In Lawinenkursen lernen wir die Lawinengefahr zu beurteilen und uns entsprechend zu verhalten.

---

[1] Die Feldlinien des sendenen LVS sind keine Kreise (siehe Abbildung S. 228). Deshalb variiert die Distanzanzeige bzw. der Ton entlang dem Kreisumfang allmählich und in gewissen Bandbreiten. In der Nähe eines anderen Opfers erhalten wir einen plötzlicheren und stärkeren Ausschlag.

Spaltenrettung

Der Gestürzte wird von seinen Kameraden herausgezogen (Flaschen- oder Mannschaftszug), oder er steigt am Seil selber aus der Spalte (Selbstaufstieg).

Material

Für Flaschenzug oder Selbstaufstieg benötigt jede Person einer Dreierseilschaft Folgendes:
- 1 Handschlaufe (Reepschnur 6 mm, 150 cm lang).
- 1 Reepschnur 6 mm, ca. 5 m lang.
- 2 Schraub- und 3 normale Karabiner.
- Für Flaschenzug einige Meter Seilreserve.

⇨ Eine Reepschnur mehr mitnehmen (wenn etwas schief geht, die Handschlaufe an der Spaltenlippe verloren geht oder eine zusätzliche Verankerung nötig wird).

Spaltenrettung unter Aufsicht eines erfahrenen Leiters üben und folgende Sicherheitsstandards einhalten:
- Übungsgelände prüfen. Ideal sind Windlöcher oder andere Stellen, wo ein Absturz keine allzu gravierenden Folgen hätte. Schmale Spalten sind ungeeignet. Grosse Schneelippen können den Gestürzten erschlagen, wenn sie abbrechen.
- Der Stürzende trägt weder Skis noch Steigeisen oder Pickel.
- Eine zusätzliche Sicherung schützt den Seilzweiten vor dem Nachstürzen in die Spalte und den Gestürzten vor Fehlmanipulationen seiner Retter beim Flaschenzugbau.

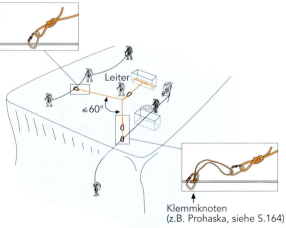

Klemmknoten
(z.B. Prohaska, siehe S.164)

Verankerung erstellen

Die definitive Verankerung zu erstellen ist oft schwieriger als der eigentliche Flaschenzug, besonders bei einer Zweierseilschaft.

Dreierseilschaft

Hinterer hält.
Mittlerer steckt Ski durch Handschlaufe als provisorische Verankerung und hält Ski oben zurück.

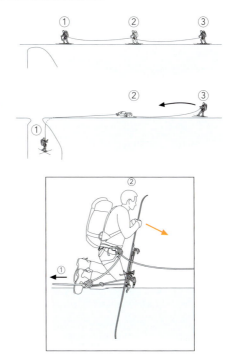

Hinterer macht davor definitive Verankerung, z.B. T-Schlitz.

Definitive Verankerung
vorsichtig belasten:

A Prohaska am gespannten Seil, mit Schraubkarabiner in Zentralkarabiner einhängen.

B Provisorische Verankerung langsam lösen.

C Seil mit Mastwurf an Verankerung rückversichern.

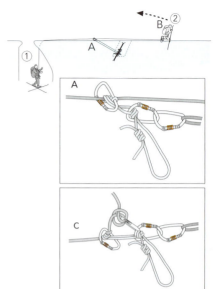

D Selbstgesichert Kontakt aufnehmen.

E Bei Bedarf Lippe sorgfältig abtragen.

F Pickel oder Skistock an Lippe unterlegen, um weiteres Einschneiden des Seils zu verhindern (bei Loser Rolle nicht nötig). Unterlegten Gegenstand sichern.

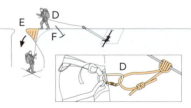

 Wenn der Mittlere in der Spalte hängt, macht der weniger Geübte bzw. der unten im Hang stehende die provisorische Verankerung. Danach baut der Andere einen T-Schlitz und macht daran den Flaschenzug.

 Eine Spalte kommt selten alleine. Wer sich während der Spaltenrettung auf dem verschneiten Gletscher bewegt, sichert sich am Partieseil.

Zweierseilschaft

Die provisorische Verankerung muss unter Zug erstellt werden. Danach lehnen wir uns auf den provisorisch eingesteckten Ski und schaufeln dahinter einen T-Schlitz, um darin den zweiten Ski zu vergraben.

Es genügt, nur die eine Hälfte des T-Schlitzes zu graben und den Ski vom Loch her in die nicht ausgegrabene Seite zu rammen.

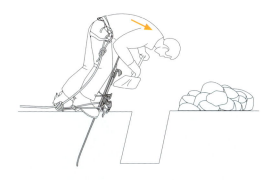

Wenn der T-Schlitz nicht absolut zuverlässig erstellt werden konnte, muss der Zentralkarabiner an eine zusätzliche Verankerung (zweiter T-Schlitz, z. B. mit Rucksack) zurückgespannt werden.

Doppelter oder Schweizer Flaschenzug

Der doppelte Flaschenzug ist universell einsetzbar, eine kurze Seilreserve genügt. Die Untersetzung beträgt 1:5, die Reibung ist gross.

Erst wenn der Flaschenzug fertig erstellt ist, wird die Rückversicherung gelöst und das Seil im Karabiner umgelenkt.

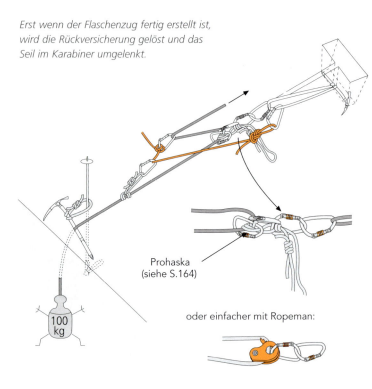

Prohaska (siehe S.164)

oder einfacher mit Ropeman:

 Den Prohaska durch eine automatische Rücklaufsperre ersetzen (z.B. Ropeman).

 Die lange Hilfsreepschnur kann durch das Seilende ersetzt werden.

Flaschenzug bei Bremsknoten

Die bei einer Zweierseilschaft gemachten Bremsknoten (siehe S. 168) behindern den doppelten Flaschenzug. Unmittelbar bevor ein Bremsknoten die Rücklaufsperre erreicht, entlasten wir mit einem Kanadier Flaschenzug. Nach dem Lösen des nicht mehr unter Zug stehenden Bremsknotens entfernen wir den Kanadier Flaschenzug wieder.

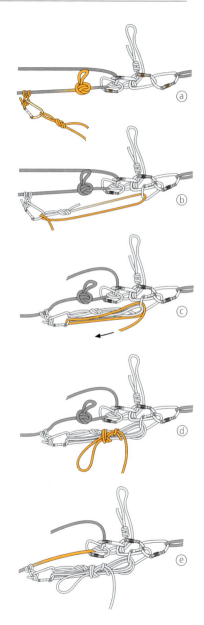

Lose Rolle (Österreicher Flaschenzug)

Die Reibung ist so gering, dass die Untersetzung von 1:2 genügt, und Bremsknoten im Seil stören nicht. Allerdings müssen zwei Voraussetzungen erfüllt sein:
- Lange Seilreserve nötig (auch wenn der Mittlere oder Hintere in die Spalte gestürzt ist).
- Gestürzter muss die «Rolle» (A) im Gurt einhängen können.

 Ganz vorne an der Lippe ziehen reduziert die Reibung. Der Gestürzte hilft durch Zug am verankerten Seil mit.

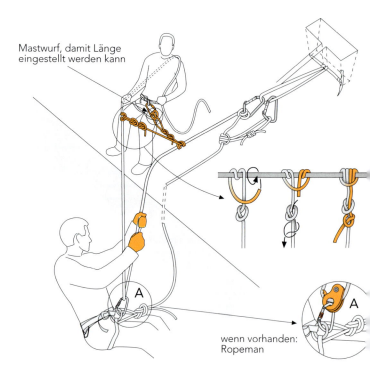

Mannschaftszug

Bei grossen Gruppen braucht es weder eine Verankerung noch einen Flaschenzug. Es genügt, wenn alle Leute am Seil ziehen.
- Mindestens zwei Personen binden sich am Zugseil an, damit das Seil nicht plötzlich losgelassen wird.
- Eine Person steht in der Nähe der Spalte und gewährleistet den Kontakt zum Gestürzten. Sonst droht die Gefahr, ihn an der Spaltenlippe zu erdrücken.

Selbstaufstieg aus Spalte

Ist der Gestürzte unverletzt und nicht eingeklemmt, so ist ein Selbstaufstieg meistens einfacher und schneller als ein Flaschenzug.
- Rucksack und Skis ausziehen und mit einer langen Schlinge am Klettergurt befestigen.
- Handschlaufe mit Schraubkarabiner im Klettergurt einhängen (B). Evtl. vorgängig Prusik lösen und durch Prohaska ersetzen (A). Sehr kurze Handschlaufe evtl. durch längere Schlinge ersetzen.
- Unterhalb der Handschlaufe die Fussschlaufe anbringen (C).

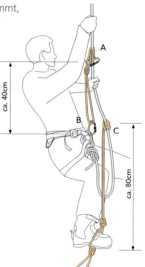

Vorgehen an Spaltenlippe

Ist das Seil stark in der Spaltenlippe eingeschnitten, wird zuerst normal aufgestiegen (siehe oben). Direkt unterhalb der Lippe wechseln wir auf das nachfolgend beschriebene System. Es erlaubt, näher an die Lippe heran zu kommen und diese von unten abzutragen.

- In Handschlaufe hängen und Fussschlinge nach unten schieben.
- Ropeman zwischen den beiden Klemmknoten ins Seil einhängen (D) und mit Schraubkarabiner am Anseilring fixieren (E).
- Seil zwischen Ropeman und Fussschlaufe ergreifen und in Karabiner oben in Handschlaufe umlenken (F).
- Sobald entlastet: Handschlaufe im Klettergurt aushängen (G).

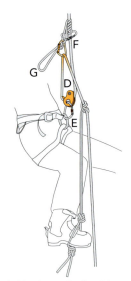

 Diese Methode funktioniert nur, wenn in der Handschlaufe unmittelbar hinter dem Klemmknoten ein Knoten (z.B. Achterknoten) gemacht wurde.

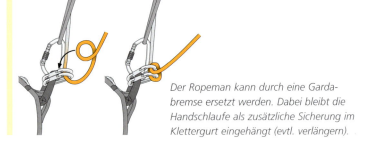

Der Ropeman kann durch eine Gardabremse ersetzt werden. Dabei bleibt die Handschlaufe als zusätzliche Sicherung im Klettergurt eingehängt (evtl. verlängern).

Organisierte Rettung

Die begrenzten Möglichkeiten der Kameradenrettung erfordern oft Hilfe von aussen. Wenn bei schlechtem Wetter keine Helirettung möglich ist oder sich Probleme bei der Alarmierung ergeben, kann es allerdings eine ganze Weile dauern, bis die organisierte Rettung vor Ort ist.

Alarmierung

Notfunk
- E-Kanal 161.300 MHz,
  benötigt spezielle Vorrichtung zum Öffnen der Relaisstationen. Funkgeräte nur mit dem E-Kanal sind konzessionsfrei zugelassen.
- K-Kanal 158.625 MHz (vor allem im Wallis)

Telefon/Handy
- Rega: 1414 (vom Ausland: +41 333 333 333)
- Sanitätsnotruf: 144 (Kanton Wallis)

Schlechte Verbindung: Standort wechseln oder SMS an gleiche Nummern.

Weitere Alarmnummern siehe S. 256.

Folgende Fragen werden gestellt:
- Was ist wann wo (möglichst Koordinaten) geschehen?
- Wetter, Landemöglichkeit, Hindernisse?
- Wer alarmiert? – Für Rückfragen erreichbar bleiben.

Alarmierung zu Fuss
- Nicht überstürzt handeln, sich die nötige Zeit nehmen und Meldung aufschreiben.
- Keine unnötigen Risiken eingehen und wenn möglich nicht alleine alarmieren.

Alpines Notsignal
- 6 x pro Minute ein Zeichen geben (rufen, blinken …).
- Eine Minute warten, dann Zeichen wiederholen.

Antwort: 3 x in der Minute ein Zeichen geben, dann ebenfalls eine Minute warten.

Helikopter-Rettung

Zeichen

YES Ja, wir brauchen Hilfe

NO Nein, wir brauchen keine Hilfe

Landeplatz
- Hindernisfreier Platz ca. 25 x 25 m.
- Keine losen Gegenstände herumliegen lassen.
- Einweisen: Rücken gegen den Wind stehen und verharren, bis Heli gelandet.
- Sich nur von vorne dem Heli nähern (Blickkontakt mit dem Piloten).

Bei Windenrettung: Sicherung für Flughelfer vorbereiten.

Buch-Tipp

Das Standardwerk der Lawinenkunde

Die Beurteilung der Lawinengefahr ist selbst für den Experten nicht abschliessend. Immerhin vermittelt das Lawinenbulletin eine grobe Einschätzung eines Gebietes, nicht aber eines Einzelhangs. Ob man nun einen Hang befährt oder nicht ist schlussendlich eine individuelle Ja/Nein-Entscheidung, die immer mit einem Restrisiko verbunden ist. Aus diesem Grund verfasste der erfahrene Bergführer und Lawinenkenner Werner Munter diese handlungsorientierte Lawinenkunde. Sie verspricht weder Sicherheit noch ein allgemeingültiges Patentrezept; vielmehr vermittelt sie mit der Formel 3x3 und der Reduktionsmethode eine ausgezeichnete Methodik zur raschen und gezielten Entscheidungsfindung. Das vorliegende Buch ist sowohl Fachbuch, und damit eine wertvolle Ausbildungshilfe, als auch Sachbuch und für den interessierten Laien eine ausgezeichnete Einstiegshilfe in die komplexe Materie der Lawinenbeurteilung. Ergänzt wird das Buch mit klar verständlichen Grafiken und eindrucksvollen Bildern.

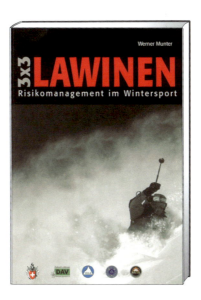

Anhang

Literatur	250
Bildnachweis	252
Checklisten	253
Adressen und Linksammlung	255
Stichworte	258
Autoren	261

Literatur

Weiterführende Literatur zu einzelnen Themen

Erste Hilfe
Durrer Bruno, Jacomet Hans, Wiget Urs (2000). *Erste Hilfe für Wanderer und Bergsteiger.* SAC, Bern. ISBN 3-85902-191-5

Gruppendynamik und Führen
Hufenus Hans-Peter (2006). *Handbuch für Outdoor Guides.* Ziel - Zentrum für interdisziplinäres erfahrungsorientiertes Lernen GmbH, Augsburg. ISBN 3-934 214-93-2

Lawinen
Munter Werner (2003). *Lawinen: Risikomanagement im Wintersport.* Verlag Pohl & Schellhammer, Garmisch-Partenkirchen. ISBN 3-00-010520-4

Engler Martin (2001). *Die weisse Gefahr.* Verlag Martin Engler, Sulzberg. ISBN 3-9807591-1-3

Hoffmann Michael (2000). *Lawinen: Gefahr.* BLV Verlagsgesellschaft, München. ISBN 3-405-15974-1

Harvey Stephan (2006). *White risk.* Interaktive Lern-CD zur Lawinenunfall-Prävention. Eidg. Institut für Schnee- und Lawinenforschung SLF, Davos; SUVA, Schweizerische Versicherungsanstalt, Luzern. ISBN 3-905601-29-0.

Meteo
Albisser Peter (2001). *Wetterkunde für Wanderer und Bergsteiger.* SAC, Bern. ISBN 3-85902-201-6

Natur und Umwelt
Wüthrich Franziska (2001). *Alpen aktiv.* Sauerländer, Aarau. ISBN 3-7941-4703-0

Wüthrich Franziska, Lüthi Markus, Meyer Jürg (2001). *Lebenswelt Alpen.* Sauerländer, Aarau. ISBN 3-7941-4702-2

Gilliéron Jacques, Morerod Claude (2005). *Tiere der Alpen,* SAC, Bern. ISBN 3-85902-238-5

Orientierung
Gurtner Martin (1998). *Karten lesen: Handbuch zu den Landeskarten.* SAC, Bern. ISBN 3-85902-137-0

Fitness und Ernährung
Schek Alexandra (2002). *Top-Leistung im Sport durch bedürfnisgerechte Ernährung.* Philippka, München. ISBN 3-89417-110-3

Spring Hans, Dvorák Jirí und Václav, Schneider Werner, Tritschler Thomas, Villiger Beat (1997). *Theorie und Praxis der Trainingstherapie.* Verlag Georg Thieme, Stuttgart. ISBN 3-13-107791-3

Hegner Jost, Hotz Arturo, Kunz Hansruedi (2004). *Erfolgreich trainieren!* Vdf Hochschulverlag, Zürich. ISBN 3-7281-2948-8

Skifahren
SIVS (2000). Schneesport Schweiz, SIVS/ESSM. ISBN 3-9522144-0-X

Steileis- und Mixedklettern
Gadd Will (2006). Lehrbuch Eisklettern: Eis-Mixed-Drytooling. Panico Alpinverlag, Köngen. ISBN 3-936740-27-5

Verwendete Literatur

Alpinschule Berg+Tal (2004). Sicher über Berg und Tal. *Merkblattreihe.* Alpinschule Berg+Tal, Interlaken, www.bergundtal.ch

Charlet Jean-Franck (1996). *Ski et alpinisme,* ENSA, Chamonix

Genswein Manuel, Eide Ragnhild (2007). Persönliche Mitteilung und Downloads: www.genswein.com

Jugend und Sport. *Handbuch Jugend + Sport.* J+S, Magglingen.

Kämpf Ueli, Stettler Martin (2001). Steileisklettern. *Merkblatt.* SAC, J+S, Mammut

Lutz Martin, Mair Peter (2002). AnseilART – Verletzungsmuster beim Sturz ins Seil. *Bergundsteigen* 02/2: 50-53.

Möhrle Matthias (2003). Sonnenbrand. *Bergundsteigen* 03/1: 15-17.

Möhrle Matthias (2002). Durchgebrannt – Sonne auf unserer Haut. *Bergundsteigen* 02/1: 48-49.

Scheichenzuber Sepp (2004). GPS und Karte ohne Koordinaten. *Bergundsteigen* 04/2: 46-49.

Schirmer Herbert (2004). UTM, UPS, WGS-84. *Bergundsteigen* 04/2: 38-44.

Schneebeli Martin (2004). Numerical simulation of elastic stress in the microstructure of snow. *Annals of Glaciology* 38: 339-342.

Schubert Pit (2001). *Sicherheit und Risiko in Fels und Eis.* Band 1. Ed: DAV, München. Bergverlag

Semmel Chris, Stopper Dieter (2005). Eiskalt und doch Brandheiss? *DAV: Panorama* 05/2: 91-95. Rother, München. ISBN 3-7633-6016-6

Schubert Pit (2002). *Sicherheit und Risiko in Fels und Eis.* Band 2. Ed: DAV, München. Bergverlag Rother, München. ISBN 3-7633-6018-2

Streicher Bernhard (2004). Entscheidungsfindung. *Bergundsteigen* 04/3: 16-22.

Wassermann Emanuel, Wicky Michael (2006). *Lawinen und Risikomanagement.* Bergpunkt AG, Worb. ISBN 3-906087-22-0

Bildnachweis

Titelbild:	Theile Thiemo Claas
Fotos im Buch:	Faber Achim: 108
	Fischer Lorenz A: 185
	Guggenheim Bianca: 71
	Hasler Bruno: 75, 141, 142
	Huber Sarah: 261
	Hunziker Dominik: 209
	Kämpf Ueli: 192 (rechts), 206
	Meyer Jürg: 13, 15, 22, 32 (alle), 33
	Morerod Claude: 16 (alle), 17 (alle), 18 (alle)
	Schoch Peter: 192 (links)
	SLF, Archiv: 87 (alle)
	SLF, Harvey Stephan: 114
	Strauss Florian: 117, 161, 249
	Stucki Thomas: 76
	Teckel Frank: 86
	van Dierendonck Bernard: 59
	Winkler Kurt: 190 (alle), 191, 193 (alle)
Umschlag Rückseite:	Hasler Bruno (Foto 1)
	Strauss Florian (Fotos 2, 5)
	Fischer Lorenz A. (Foto 3)
	Guggenheim, Bianca (Foto 4)
	Meyer Jürg (Foto 6)

Checklisten

Material

Grundausrüstung
- Rucksack
- Anorak
- Faserpelz oder warmer Pullover
- Skihose
- evtl. Gamaschen
- Mütze mit Ohrenschutz
- 2 Paar Handschuhe (dick, dünn)
- (Thermos)flasche
- Lunch
- Sonnenhut
- Sonnenbrille
- evtl. Skibrille
- Sonnencreme, Lippenschutz
- persönliche Medikamente
- Geld, Ausweise, Schreibzeug
- WC-Papier, Taschentücher
- Taschenmesser
- evtl. Fotoapparat

Winterausrüstung
- Ski, -schuhe, Felle, Harscheisen od. Schnee- und Bergschuhe oder Snowboard, Boots, Schneeschuhe
- Skistöcke
- LVS
- Schaufel
- Sonde

Gruppenausrüstung
- Karte
- Neigungs- und Koordinatenmesser, evtl. Lupe
- GPS
- Kompass und Höhenmesser
- evtl. Skitourenführer
- Uhr/Wecker
- Handy, evtl. Funk
- Apotheke
- Reparaturwerkzeug, Nähzeug, Tape
- Reservebatterien für LVS und GPS
- Ersatzfelle
- Ersatzsonnenbrille
- Wachs
- Rettungsdecke od. Biwaksack
- evtl. improvisierter Rettungsschlitten (inkl. Zugseil)
- evtl. Feldstecher

Hochtourenausrüstung
- Pickel
- Steigeisen (angepasst) mit Antistoll
- Anseilgurt
- Schraubkarabiner _____ Stück
- Karabiner _____ Stück
- 6 mm Reepschnur, 1,5 und 5 m lang
- Bandschlingen, div. Reepschnüre
- Eisschrauben _____ Stück
- Pro Gruppe/Seilschaft:
- Seile, Längen: _____ m
- evtl. Abalakow Hooker
- evtl. Abalakow Schlinge

Hüttenübernachtung
- Stirnlampe
- Toilettenartikel (wenig)
- Ersatzkleider
- evtl. Seidenschlafsack
- evtl. Ohropax
- evtl. SAC-Ausweis

Reparaturset

Viele Materialdefekte lassen sich provisorisch reparieren, wenn wir Folgendes mitführen:

- ☐ Taschenmesser mit Kombizange (inkl. Drahtschneider), Kreuz- und Schlitzschraubenzieher.
- ☐ Gabel- und Inbusschlüssel zum Anpassen älterer Steigeisenmodelle, Ersatzschraube und Mutter.
- ☐ Draht
- ☐ Kabelbinder
- ☐ Tape
- ☐ Skiwachs gegen Stollen an Fellen und Belag.
- ☐ evtl. Stockteller und Gummispanner für Felle

Apotheke

Bergsteiger bewegen sich in Gelände, wo rasche medizinische Hilfe oft nicht möglich ist. Pro Gruppe wird mindestens eine Rucksackapotheke mitgeführt. Sie darf nicht zu gross sein, damit wir sie auch wirklich mittragen. Apotheke wasserdicht verpacken und Verfalldaten der Medikamente aufschreiben. Verbandsmaterial können wir auch aus Kleidungsstücken improvisieren.

⇨ Persönliche Medikamente nimmt jeder selber mit.

☞ Weitere Medikamente, z.B. gegen Höhenkrankheit, sind nur sinnvoll, wenn wir auch in der Lage sind, die entsprechenden Diagnosen sicher zu stellen.

- ☐ normales Schmerzmittel, z.B. Paracetamol
- ☐ starkes Schmerzmittel, z.B. Tramadol-Ampulle, die gespritzt oder sublingual verabreicht werden kann
- ☐ Blasenpflaster (second-skin, z.B. Compeed)
- ☐ div. Wundschnellverbände (Pflaster)
- ☐ Steri Strip
- ☐ 2 selbstklebende, elastische Binden
- ☐ evtl. Sam Splint
- ☐ evtl. Signalpfeife
- ☐ evtl. Pinzette
- ☐ evtl. Desinfektionstinktur
- ☐ evtl. Lutschtabletten gegen Halsweh

Adressen und Linksammlung

Lawinenbulletin

Schweiz
Produkte

Nationales Bulletin	täglich ab 17 Uhr
Regionale Lawinenbulletins:	täglich ab 8 Uhr

Bezugsmöglichkeiten

Internet	www.slf.ch
Tel.	187 (Tonband, 50 Rp. pro Anruf und Minute)
Tel. Ausland[1]	+41 848 800 187
WAP (Handy)	wap.slf.ch
MMS	siehe Anleitung auf www.slf.ch (ab Winter 07/08)
Teletext	S. 782 (nur nationales Lawinenbulletin)
Fax	0900 59 20 21 (wählen ab Faxgerät für nationales Lawinenbulletin, Fr. 1.49/Min.) 0900 59 20 20 (wählen ab Telefon, dann Produkt auslesen und Faxnummer eingeben. Auch regionale Lawinenbulletins).

Ausland
Internet

www.lawinen.org	Links auf alle europäischen Lawinenbulletins

Telefon (Bandabruf, Deutsch)

Deutschland, Bayern	+49-089-9214-1210
Österreich, Vorarlberg	+43-5522-1588
Österreich, Tirol	innerhalb Österreich: 0800-800-503 von ausserhalb: +43-0512-581 839-503
Italien, Südtirol	+39-0471-27 11 77

[1] Bei Anrufen aus dem Ausland sowie bei einem Mobiltelefon eines ausländischen Anbieters auch innerhalb der Schweiz.

Wetterbericht

Allgemein

www.meteoschweiz.ch
www.meteo.ch   Linksammlung zu Wetterprognosen Schweiz

Telefon (Bandabruf, Deutsch)

Wetterbericht MeteoSchweiz: täglich 5 x aktualisiert, Prognose für folgende Tage nur 11.45 Uhr
- Tel. 162 (50 Rp. pro Anruf und Minute).
- vom Ausland[1]: +41 848 800 162

Alpenwetterbericht

täglich 16 Uhr , Tel. 0900 162 138 (Fr. 1.20/Min.)

Persönliche Wetterberatung

MeteoSchweiz	Tel. 0900 162 333 (24h, Fr. 3.–/Anruf und Fr. 1.50/Min.)
Meteonews	Tel. 0900 575 775 (5–17.30 Uhr, Fr. 2.80/Min.)
Meteotest	Tel. 0900 576 652 (5–19 Uhr, Fr. 3.19/Min.

Ausland

www.meteo.ch	Linksammlung zu Wetterprognosen im In- und Ausland
www.westwind.ch	Europaweite Linksammlung zum Wetter
www.meteo-chamonix.org	Wetterprognosen für die Westschweiz und Savoien. Links zu übrigen Regionen Frankreichs und Aostatal.
www.meteoblue.ch	u.a. hoch aufgelöste Niederschlagsprognose für die Schweiz

Notfallnummern

Heli-Rettung	Rega	1414 (Ausland[1]: +41 333 333 333)
		Funk 161.300 MHz
	Wallis:	Sanitätsnotruf 144
Polizei	117	
Notruf	112 auch ab Netzen anderer Mobilfunk-Anbieter (wenn direkte Alarmierung nicht funktioniert)	

 Bei schlechtem Handy-Empfang: Standort wechseln oder SMS an dieselben Nummern.

---

[1] Bei Anrufen aus dem Ausland sowie bei einem Mobiltelefon eines ausländischen Anbieters auch innerhalb der Schweiz.

Ausland	vom Festnetz aus	mit dem Handy
Deutschland	112, 19222	112
Österreich	140, Flugrettung: 1777	(Zugang in alle
Italien	118	Netze nur wenn kein
Frankreich		PIN-Code bzw. PIN-Code
Gendarmerie Chamonix: 0450 53 16 89		112 eingegeben wird)

Nützliche Adressen

www.sac-cas.ch	alles über den Schweizer Alpen-Club SAC, von der Hüttenadresse bis zum Wandertipp
www.alpenonline.ch	Infos zu SAC-Hütten, inkl. Anreise mit ö.V.
http://ecogis.admin.ch	wo liegen die Eidgenössischen Schutzgebiete?
www.pizbube.ch	die Fundgrube für alpine Literatur
www.4000plus.ch	Bergführer gesucht?
www.bergsportschulen.ch	professionell geführte Touren

Verhältnisse

www.skitouren.ch	Skitouren, Eisklettern und vieles mehr; vor allem Deutschschweiz
www.skirando.ch	Skitouren und vieles mehr; vor allem Romandie
www.ohm-chamonix.com	Verhältnisse im Mont Blanc-Gebiet
www.montagneinfo.net	v.a. Frankreich

Weil jeder schreiben kann, was er will, sind die Informationen mit Vorsicht zu geniessen.

Mobilität

www.sbb.ch	Fahrplan Schweiz (auch Bus)	
SMS-Fahrplan:	222 (Swisscom, Orange), 999 (Sunrise), Fr. –.60/SMS.	
	nächste Verbindung:	zürich.enge göschenen
	Abfahrt 19 Uhr:	zürich.enge göschenen 1900
	Abfahrt in ca. 3 Stunden:	zürich.enge göschenen 3 (0 bis 24)
www.fahrplan-online.de	Linksammlung zu allen Fahrplänen, weltweit	
Alpentaxi	Broschüre zu beziehen bei: Mountain Wilderness, Postfach 148, 8037 Zürich.	

Stichworte

A
Abalakow – Hooker **174**, 189, 197
Abalakow – Pickelverankerung **170**
Abfahrt 51, 96, 114 f., 122, **144 ff.**, **153**, 168, **183**
Abfahrt – Ski **149**
Abfahrt – Snowboard **150 f.**
Ablassen **178**
Abrutschgefahr **142**, 150, 159, **175 ff.**
Abseilen 178, **179**, 189, 201
Absturz **50**, 112, 129
Abtransport s. Evakuieren
Adressen **255 ff.**
Air Bag System (ABS) 48, **66 f.**
Alarmierung 210, 225, **245**
Alarmzeichen (Lawinen) **83**, 100, 101, 102, 103, 110, 113
Alarmzeichen (Eisklettern) **205**
Anseilen 51, 150, **165 ff.**, 177, 180
Anseilgurt **69**, **165 f.**, 181
Aufstieg 50, 114, 122, **142 f.**, 181, 182
Aufstieg – Schneeschuhe 150 f., **152 f.**
Aufstieg – Ski **146 ff.**
Aufstieg – zu Fuss 64, **154 ff.**
Ausgleichsverankerung 195, **198 f.**
Ausgraben 65, **233**
Ausrüstung **59 ff.**, 119, **186 ff.**, **253 f.**
Avalanche Ball 48, **67**
Ava Lung 48, **68**
Azimut **38**

B
Bekleidung **60 ff.**, 188
Bergung s. Rettung und Evakuieren
Bergungstod **216**
Biwak **220 ff.**
Bremsknoten **168**, **241**, 242

C
Checklisten **253 f.**

D
Drei mal drei s. Formel 3x3
Drytooling **186 ff.**, **193 f.**, 201, 206

E
Eisfall **185 ff.**
Eisklettern s. Steileisklettern
Eislawine **52 f.**

Eispickel s. Pickel
Eissanduhr **174**, 189, **197**, 201
Eisschlag **52 f.**, 115, 142, 198, **202 ff.**
Eisschraube **69**, **173**, **189**, **195 ff.**, 200
Eisverhältnisse **202 f.**
Entlastungsabstände 111, **114**, 142, **145 f.**
Entscheidungsfindung **130 ff.**, 144
Entscheidungsfreiheit **131**, 135, 153
Entscheidungspunkte **121**, 131, 135, 136
Erfrierung, örtliche **216 f.**
Ernährung **54 ff.**
Erste Hilfe **210 ff.**
Evakuieren **218 ff.**
Exposition 91, **94**, 96, 99 f., **101**, 102, 107, **109**, 110 f., 120, 128 f.

F
Fahrtechnik (Ski) 144, **149**
Feinsuche (LVS) **229**, **231**, 235
Fitness **54**
Fixseil 51, 175, **177**
Flaschenzug 168, 171, 236, **240 ff.**
Flaschenzug – doppelter 236, **240 f.**
Flaschenzug – Kanadier **241**
Flaschenzug – Österreicher 236, **242**
Formel 3x3 **102**
Freeriden 131, 132, **153**
Führen 135, **138 f.**, 151

G
Gefahren im Gebirge **46 ff.**
Geländeform **95 f.**, 101, 180
Gletscher 48, 52 f., 69, 120, 146, 150 f., **167 f.**, **180 ff.**, **236 ff.**
Gletscher – Anseilen auf **167 f.**, **180**
Gletscher – Spuranlage 146, **180**
GPS 34, 36, **40 ff.**, 52
Grobsuche (LVS) **229**, **230**
Gruppen, Führen von **138 f.**
Gruppenentscheide **133**

H
Handschuhe **61**, **188**, 206
Handy **66**, 113, 143, 225, 245, 255 ff.
Hangneigung 39, **93**, **94**, 101, **107 ff.**
Helikopter 218, 225, **245 f.**, **256 f.**
Höhenmesser 28, 33, **36 f.**, 41, 43, 45
Hot Spot 74, **75 f.**, **114**, 144
Hubschrauber s. Helikopter

I

Iglu 222
Informationsaufnahme **130 f.**, 144
Informationsquellen **126 ff.**, **255 ff.**
Informationsverarbeitung **130 f.**

K

Kälte 14 f., **27**, 45, 51, **60 ff.**, 81 f., **84 f.**, 87, 197, **202 f.**, 210, **215 ff.**, 223
Kameradenrettung 66 ff., **218 f.**, **224 ff.**, **236 ff.**
Kammlage **95**, 100, 102, 110
Karte s. Landeskarte
Kernzone 76, **100**, 109, 120, 129
Kick-Kehre 147
Kleider s. Bekleidung
Knoten **162 ff.**, 168, 241
Kompass 34, 36, **37 ff.**, 41, 45
Kondition **54**, 102, 119
Koordinaten **35 f.**, 41, **42**, **44**, 245
Kritische Schicht **74 ff.**, 103 f.

L

Landeskarte **34 ff.**, 41 ff., 94, 108 f., 119 ff.
Lawinen 50, 65, 66 ff., **71 ff.**, 120, 127 ff., 142 ff., 205, **224 ff.**, 255
Lawinenarten **72 f.**
Lawinenauslösung **74 ff.**, 93, 96, 97, 100, 112, 114
Lawinenbulletin **98 ff.**, 109, 129, **255**
Lawinengefahr, Beurteilung 88 ff., **98 ff.**, 103 f., 110 f., 113, 120, **127 ff.**
Lawinengefahrenskala **100 f.**, 105
Lawinenrisiko abschätzen **106 ff.**
Lawinenschaufel **65**, 113, 148, 218, 225, **233**
Lawinensonde s. Sonde
Lawinenverschütteten Suchgerät s. LVS
Leiter s. Tourenleiter
Literatur **250 ff.**, 257
Lockerschneelawine **72**, 93
Lose Rolle s. Flaschenzug – Österreicher
LVS-Geräte 65, 113, **143**, **226 ff.**
LVS-Suche **226 ff.**
LVS-Kontrolle 49, **143**

M

Material s. Ausrüstung
Mehrfachverschüttung 225, 226, **234 f.**
Mensch 19 ff., 50, 54 ff., **97**, 102, 110 f., 119, **130 ff.**
Meteorologie s. Wetter

Mixedklettern **186 ff.**, **193 f.**
Modetour **92**, **109**, 153

N

Nassschneelawine 73
Nebel **30**, 31, 33, **34**, 45, **113**, 120, 130, 145, 151, 153
Neigungsmessung – Gelände **93**
Neigungsmessung – Karte 36, **94**
Neuschneemenge **81 f.**, 103
Neuschneemenge – kritische **82**, 101, 102, 110, 113
Notfallausrüstung **65 ff.**, 218, 236, **254**
Notsignal **245**

O

Orientierung **34 ff.**, 120

P

Pickel – Drytooling **187 f.**, 193, 195
Pickel – Skitouren **68**, **157 ff.**
Pickel – Steileis **186 f.**, 190 ff.
Pickelbremse s. Rutscher stoppen
Planung s. Tourenplanung

R

Reduktionsmethode **106 ff.**, 129
Redundanz **49**
Reif 74, 76, 82, **87**, 205
Rettung – Lawinen 65, 66 ff., **224 ff.**
Rettung – Kameraden 66 ff., **209 ff.**
Rettung – organisierte 220 f., 224, **245 f.**
Rettung – Spalten 50 f., **236 ff.**
Rettungsschlitten 66, **218 f.**
Risiko **46 f.**, 66, **106 ff.**, 114 f., 129, 132 f.
Routenwahl 95, 102, 103, **112 f.**, **142**, 144
Rutscher stoppen **159**

S

Schicht – kritische s. Schwachschicht
Schlüsselstelle **120**
Schneebrett 73, **74 ff.**
Schneedecke 73, **74 ff.**, 83, **86**, **88 ff.**, 92, 96, 104, 109, 114
Schneehöhle 15, **220 f.**, 223
Schneeprofil **89**
Schneeschicht, kritische s. Schwachschicht
Schneeschuhe 15, **64**, 150 f., **152 f.**, 180, 182
Schneetemperatur s. Temperatur,

Schneekristalle, Umwandlung **87**
Schwimmschnee 74, 82, **87**, 88, 92, 96
Schwachschicht 74, **76 ff.**, 88 ff., 103 f.
Seilfahren 151, **183**
Seilsicherung 161 ff., **175 ff.**, 180 ff., **195 ff.**
Seilverkürzung **167**
Selbstaufstieg 165, 168, 236, **243 f.**
Sicherheitsausrüstung s. Notfallausrüstung
Sicherheitsmassnahmen **142**, **145 f.**, 206
Sicherungstechnik s. Seilsicherung
Signalsuche (LVS) **227**, 234 f.
Skis **63**, 146 ff., 151, 177, 218
Skitouren **146 ff.**, 180 ff.
Snowboard 62, **64**, 150 f.
Snowboardtouren 64, **150 f.**, 180 f.
Sonde 65, 113, 224 f., **232 f.**
Sonnenbrand **53**
Sonnenbrille **62**
Spaltenrettung **236 ff.**
Spitzkehre 50, 142, **147**, 182
Spuranlage 102, 112, **142**, 180, 182
Standardbewegung (Eis) **191 f.**
Standplatz **198 ff.**, 204 f.
Steigeisen – Skitouren **68 f.**, 150, **155 f.**, 159
Steigeisen – Steileis und Mixed **188**, **191**, 193, 201
Steileisklettern **185 ff.**
Stirnlampe **64**, 201
Suchbereich, primärer **227**

T
T-Anker s. T-Schlitz
Temperatur – allgemein **27**, 36 f., 45, 60 ff.
Temperatur – Eisfall 200, **202 f.**, 204 f., 206
Temperatur – Schnee und Lawinen 73, 82, **84 f.**, 86 f., 104
Tiefverschüttung 96, 110, **112**, **229**, **231**
Tiere **14 ff.**
Tourenauswertung 119, **124**
Tourenleiter 22, 131, 134 ff., **138 f.**, 177
Tourenplanung 36, 43 f., 102, 103, 106, 109, **118 ff.**, 131, 136
Triebschnee **80 f.**, 87, **95 f.**, **103**, 109, 110, 142
Trinken **57**, 62
T-Schlitz 68, **169**, 237 f., 239

U
Unterkühlung, allgemeine 66, **215 f.**, 223

V
Variantenbonus s. Modetour
Variantenfahren s. Freeriden
Verankerung (Schnee) **169 ff.**, 237, 239
Verankerung (Eis) **173 f.**, **195 ff.**, 205 f.
Verschüttetensuchgerät s. LVS
Vorsichtsmassnahmen **114 f.**, 142, 145 f., **181**

W
Wechte 50, **52**, **81**, 176
Wetter **25 ff.**, 36 f., 51 f., 99, 119, 126 f., 218, 245, **256**
Wetterbericht 26 f., **29 f.**, 126 f., **256**
Wind 25, **27 f.**, **31**, 33, **80 ff.**, 87, **95 f.**, 103, 204, 223
Windchill **27**
Windzeichen **81**, 103
Wummgeräusch **78 f.**, **83**, 104

Autoren

Kurt Winkler, Autor

Geboren 1966, Bauingenieurstudium,
10 Jahre Forschungsarbeit und Dissertation
an der ETH Zürich. Sportklettertrainer,
J+S Experte, von 2001–2006 als Profibergführer
für die Alpinschule Berg+Tal unterwegs.
Seit Dezember 2006 als Lawinenprognostiker
und in der angewandten Forschung am
SLF in Davos.
Allround-Bergsteiger mit Vorlieben für Skitouren
abseits des Rummels und alpines Sportklettern.

Hans-Peter Brehm, Co-Autor

Geboren 1966, Betriebsökonom FH, Präsident der SAC Sektion Homberg. Seit 2003 als Profibergführer und im Marketing für die Alpinschule Berg+Tal tätig.

Jürg Haltmeier, Co-Autor

Geboren 1961, Lehre als Maschinenmechaniker, Produktmanager im Bergsportbereich und seit 1988 Profibergführer. Gründer und Geschäftsführer der Alpinschule Berg+Tal und Vizepräsident des Verbandes der Bergsportschulen Schweiz.

Bergsport Sommer

Was Sie schon immer über Bergsteigen wissen wollten.
Mit über 250 Zeichnungen und Fotos werden alle Facetten des Bergsports im Sommer in einfacher und gut verständlicher Weise erklärt. An diesem einmaligen Werk haben alle im Bergsport tätigen Verbände der Schweiz mitgearbeitet. Es bildet die Grundlage für jede Bergsportausbildung und richtet sich an Anfänger, Fortgeschrittene, Touren- und J+S-Leiter.
Alles was Sie über Tourenplanung, Gruppenbergsteigen, Bergwandern, Klettersteige, Seiltechnik, Felsklettern, Hochtouren, Rettung, Ausrüstung, Natur und Umwelt wissen möchten, wird hier gut verständlich und reich illustriert vermittelt. Dank seiner Grösse und Gewicht passt dieses handliche Buch in jeden Rucksack.

Ein erstklassiger Ratgeber für alle Bergbegeisterten!

256 Seiten, gebunden
ISBN 3-85902-247-4

Schweizer Alpen-Club SAC
Club Alpin Suisse
Club Alpino Svizzero
Club Alpin Svizzer

Die Buch-Reihen des SAC-Verlags

- Alpin-Wanderführer
- Kletterführer
- Alpinführer (Clubführer)
- Skitourenführer
- Schneeschuhtourenführer
- Fach- und Sachbücher

Im Buch- und Fachhandel erhältlich

Verlangen Sie unser Verlagsverzeichnis.
www.sac-verlag.ch

Das Buch entstand

In Zusammenarbeit mit:

Mit Unterstützung von: